青春文庫

結局、「シンプルに考える人」がすべてうまくいく

質とスピードが一気に変わる最強の秘密

藤由達藏

JN153796

青春出版社

はじめに

人生は複雑ではない。私たちが複雑なのだ。
人生は単純で、単純であることが正しいことなのである。

Life is not complex. We are complex.
Life is simple, and the simple thing is the right thing.

オスカー・ワイルド

「頑張っているのに成果が出ない……」
「すぐに行動しようとしているのに動き出せない……」
「仕事のパフォーマンスが上がらない……」

など、人生において結果が出ないことに悩んでいる人もいるかもしれません。

私はそのような方の多くをコーチングしてきました。

その経験から、わかったことがあります。

それは、なかなか成果が出ないほとんどすべての人は、決して能力が低いわけではない、ということです。

仕事の成果が出ない人も、そもそもの行動を起こせない人も、コツコツ頑張ることが苦手な人も、みな能力差や頭の良さは一切関係がなかったのです。

ではなにか。

それは「物事を複雑にして考えてしまう」ということです。

仕事や人間関係、人生そのものは、基本的にはシンプルなのです。

それを難しくしているのは、自分自身の価値観や思考です。

「〇〇でなければいけない」

「幸せになるためには〇〇をしなくてはいけない」

など、それらが人生や物事、人間関係を複雑にしてしまうのです。

結局、「シンプルに考える人」がすべてうまくいくのです。
本書では、シンプルに考えるための方法をお伝えしていきます。人生や物事は本来シンプルなものなのに、そうでなくなってしまうのはなぜなのでしょうか。

◎シンプルに考えられなくなる本当の理由

結論から言いましょう。

それはあなたが、「抱えすぎているから」です。

突然、「抱えすぎている」と言われても、よくわからないかもしれません。
私の行っているメンタルコーチングを通じて出会った、成果が出ていない人の9割は、「抱えすぎ」の状態なのです。たとえば、

・仕事を抱えすぎている

・やりたいことと、やるべきことを抱えすぎている
・わずらわしい人間関係を抱えすぎている
・解決できていない問題を抱えすぎている
・悪い習慣を抱えすぎている
・仕事からプライベートまでのタスクを抱えすぎている

抱えすぎているものは、人によって千差万別です。
ではなぜ、抱えすぎていると「成果が出ない」「行動できない」のでしょうか?
実は、そこでは「容量不足の罠」が生じているからです。

◎脳と行動の容量不足が、すべてを不幸にする

「人には無限の可能性がある」と、私はいつも言っています。ただし、時間的・空間的な制約がある中で、仕事に使える脳と行動の容量は有限です。

わかりやすい例は、コンピュータにおけるメモリー(RAM)です。コンピュー

タは、ウェブサイトを開きながら、メールを送受信したり、音楽を流したり、表計算ソフトを使ったりと、同時にいろんなことができます。

しかし、複数のソフトウェアを一緒に立ち上げていると、徐々にパフォーマンスが下がっていきます。処理速度がどんどん遅くなり、ひいては固まってしまったり、マシン自体が動かなくなったりしてしまいますよね。

人の脳にもこれと同じことがあります。

脳科学の世界でワーキングメモリーと呼ばれる概念をご存じでしょうか。

ワーキングメモリーとは、情報を一時的に保ちながら作業するための領域のことで、作業記憶とも呼ばれています。私たちは、細かい記憶を一時的に保ちながら、暗算や雑談をしたり、仕事をしたり、思考活動をしたりしています。

しかし、この領域にも当然、限界があります。ワーキングメモリーをたくさん使っていると、容量不足になり、パフォーマンスが低下します。たとえば、割り当てられる容量が100あっても、たくさんのことを同時に行っていると、空き領域が足りなくなり、パフォーマンスが落ちたり、動けなくなったりするのです。

そうなると、当然、頑張っているのに成果が出ない、となるのです。

◎1%のことにすべての力を使える人が、人生を変えられる

行動と結果の関係も同じです。

行動が人生を変えるのは間違いありません。しかし、体は一つです。同時にたくさんの仕事、未解決の問題、人間関係の問題、家庭・プライベートの問題を抱えていたりすると、行動できなくなります。行動したとしても、注ぎこめる力は分散され、パフォーマンスが下がり、成果も出にくくなるのです。

優先順位付けを変えようが、効率を高めようが、スピードを上げようが、根本的な解決にはなりません。

さて、あなたの脳と行動力の、空き容量は十分でしょうか？

どうすれば、最高のパフォーマンスで、最高の成果が手に入るのでしょうか？

それは、**シンプルに考える**ことです。

・いつも、最大限のパフォーマンスが発揮できている
・いつも、思い立ったら、すぐやることができる
・いつも、一つのことに１００％集中できている

もしもあなたが、そのような状態になることができれば、人生のすべてが変わり始めます。

実際、私のコーチングを受けていただいている人は、「抱えすぎ」の状態から、「常にシンプルに考える状態」に移行し、人生を好転させています。


私が、そのためにお伝えしていることが、本書のテーマです。

それが、「手放す」ということ。

抱えすぎの状態から抜け出すには、抱えているモノを手放すことが一番大切です。

多すぎる仕事、お金や恋愛の欲望、めんどくさい人間関係、不安やイライラなどの感情、「〜しなければいけない」などの間違った思考……あなたを複雑にしてし

まっているそれらを一度手放して、本当にやるべきただ一つに集中するのです。

そう、考えるべきは、その「ただ一つのことだけ」という、いたってシンプルな方法です。

そうは言っても、「そんなことできたら苦労しないよ」と言いたくなるかもしれません。でも、それすらも思い込みなのです。

手放しましょう。仮に手放すのが難しいと感じたら、ご用意したメンタルワークを実践してみてください。驚くほど、簡単に手放せるようになるはずです。

本書によって、あなたのすべてがうまくいくようになり、心躍るような毎日をお過ごしいただけるなら、著者としてこれほど嬉しいことはありません。

夢実現応援家® 藤由達藏

目次

第2章

抱え込んでしまう「仕事」を手放す（仕事・行動編）

第3章 自分を縛りつける「思い込み」を手放す（思考編）

第4章　行動を阻害する「感情」を手放す（心・感情編）

第5章 人生の質を下げる「モノ・人間関係」を手放す（モノ・対人関係編）

第6章

シンプルに考える技術

終章 シンプルに生きられる人だけが、世界を変えていく

本文イラスト　せとゆきこ
本文デザイン・ＤＴＰ　野中賢（システムタンク）
プロデュース・編集協力　鹿野哲平

第1章

仕事・時間に追われる人は何が間違っているのか?

結局、「やること」を抱えすぎている人はうまくいかない

人は、やることが多くて、それにともなう心配が重なると、集中力も散漫となって、仕事を行うエネルギーも確実に分散してしまいます。

100の力があっても、10個の課題を抱えていれば、一つひとつの課題に対してたった10の力しか注げません。

そうなれば、効果的な働きはできず、大きな成果を残せないのです。

さて、このような状況に陥りやすい人には、6つのパターンがあります。どんな人がやることを抱えすぎてしまうのか、順番に見ていきましょう。

◎「真面目で性格が良い人」ほど仕事を抱える

一つ目のパターンは、「真面目で性格が良い人」です。

真面目で性格が良いといわれる人は、素直で、笑顔を絶やさず、文句も言わずに働きます。愚痴や不平を言わず、人の相談に乗ってくれ面倒見もよいため、みんなから慕われます。

そんな人には、仕事が集まってきます。なぜなら、急な納期であっても、少々の無理を言っても断らないので、頼みやすいからです。

しかし、そういう人は自分の時間や労力を犠牲にしがちです。

いろいろな人から相談を持ちかけられたり、飲み会の誘いも増えたりします。

真面目なことは大切なことです。

規律や規則から外れることなく、言いつけを守り、勤勉で誠実であるというのは、工業化時代からの重要な価値観で、21世紀の今でも通用する美徳でしょう。

ただし、それも「適正な仕事量ならば」という条件が付きます。現代のように、現場で仕事が発生し、その量を上司や経営者がコントロールできない状況においては、単に真面目なだけでは自分がつぶれてしまいます。

断るのが苦手なため、結果として、キャパシティ（許容量）を超える仕事や問題を抱えることになります。

限界を超えても仕事を受けてしまうのは、自分のキャパシティを知らないこともありますが、嫌われたくないという八方美人的な性格のせいでもあります。みんなに良い顔をしたいので、相談もできずに抱えてしまうのです。

◎「能力がある人」ほど仕事を抱える

パターン2は、「能力がある人」です。

普通に考えれば、能力がある人ほど、仕事をうまくこなします。しかし、同時に抱えるものも増えていきます。

なぜなら、「能力のある人に仕事を頼みたい」とは、誰もが思うからです。

頼られて仕事をこなしてきた人は、信頼される快感を知っています。頼られて能力以上の力を発揮したこともあり、ますます仕事を断れなくなるのです。

レギュラー番組を週に何本も持っていたみのもんたさんは、全盛期には寝る暇もないほどの過密スケジュールであっても、仕事を断らなかったそうです。

みのもんたさんに限らず、能力がある人は、向上心も強いので、自分の仕事の水準を下げることができません。ハードルを自ら高くしていくタイプです。

自分に対しての過信がある人は、どんどん厳しいハードルを課していきます。短期的に見ればどんな仕事や課題をもこなせる人でも、それが長期に渡ると疲弊してしまう人が少なくありません。

文字通り、抱えすぎの状態になってしまうのです。

◎「体力がある人」ほど仕事を抱える

パターン3は、「体力がある人」です。

私の祖父の藤由忠藏は、もともと逓信省《ていしん》の役人でしたが、独立して運送会社を経営していました。

その祖父が生前によく言っていたことがあります。

「偉そうなことをいくら言っても、体力がなくちゃダメだ。だから体を鍛えなさい」

確かに仕事をする上で体力は重要です。

昔から、大学の体育会系のクラブに所属していると就職には有利だ、と言われてきました。それは、仕事でどんなに厳しい局面を迎えたとしても、「寝ないで頑張れる」「馬力で乗り越えられる」からでしょう。体力がある人は心理的なストレスにも強くなります。

実際、そんな局面では、体力がある人とない人でおおいに差がついてしまいます。

だから、体力のある人には仕事が集まります。

「あの人は体力があるから、無理がききそうだ」
「踏ん張りがききそうだ」
「へこたれないだろう」
「寝ないでも大丈夫だろう」

と周りからも勝手な思い込みを持たれて、仕事がどんどん振られます。その結果、自他ともに認める体力のある人は、仕事を抱えてしまうのです。

◎「失敗を恐れる人」ほど仕事を抱える

パターン4は、「失敗を恐れる人」です。

失敗をしたことのない人はいません。失敗して、痛い目を見たとか辛い思いをしたとかという経験は、誰だって二度や三度どころではないでしょう。

失敗は、チャレンジした結果の一つです。成功することもあれば失敗もあります。もちろん「失敗なんて存在しない。チャレンジしたら、成功するか成長するかしかないんだ」という考え方もあり、私もそう考えています。

しかし、人によっては、極度に「失敗」を恐れる方もいます。よほど、過去に痛い目にあったのか、「失敗」を考えただけで、恐怖を感じてしまうような人です。

恐怖で行動できなくなる原因は、動物的な学習システムがもたらすものです。

ある経験をしたときに、とても嫌な感情を持ったとします。その感情を二度と味わいたくないと強くインプットされると、私たちは、同様の体験を未然に防ぐために、「恐怖」というアラームを鳴らすシステムを心と体につくってしまうのです。

恐怖は心と体で感じます。体がこわばったり、震えたり、どうしていいかわからなくなったりします。

これは、「ジリリリリリリ！」「緊急事態発生、緊急事態発生！」とけたたましく警報が鳴っているのと同じこと。

この「恐怖」が心の中で鳴り出すと、まともな行動ができなくなります。「失敗しないように、失敗しないように」とばかり考えるようになり、過剰なくらい準備ができていないと動けないようになります。また、新しい行動やチャレンジに億劫《おっくう》になってしまうのです。

そうすると、これまでやった行動しかできなくなっていきます。行動するにしても手間が増え、それだけで仕事や行動のキャパシティが埋まってしまい、仕事が溜まりやすくなります。

結果として、失敗を恐れる人ほどたくさんの仕事を抱えてしまうのです。

◎「期待に応えようとする人」ほど仕事を抱える

そもそも、人の動機には「人間関係の動機」「上昇達成の動機」「論理・手続きの動機」の3つの傾向があるといわれています。この3つの動機の中にも仕事を抱えるパターンが潜んでいます。それでは、一つずつ見ていきましょう。

パターン5は、人間関係の動機を持つ人に多い、「期待に応えようとする人」です。

人間関係の動機が強い人は、「感謝の言葉」「笑顔」「役立っている感覚」「助け合い」「つながっている感覚」「絆」「心の交流」「感動」などを味わうときに最もやりがいを感じます。

「あの人のために頑張る！」

「期待に応えたい！」

などという言葉を使うのも、人間関係の動機が強い人の特徴です。

周りの人から頼まれると、とにかく喜びを感じて仕事を引き受けてしまいます。

期待に応えるのが最大の喜び。ただし、それが一度うまくいかなくなると、大変です。

「依頼者を悲しませたくない」

「期待を裏切りたくない」

と感じて、なおさら頑張ってしまいます。こうなると肉体的にも精神的にも辛くなってきます。

仕事はどんどん増えていくのですから、一つのことにかかりきりになってしまい、ほかがおろそかになるなんてことも出てきます。

結果として、処理能力を超える量の仕事を抱えてパンクしてしまうのです。

◎「成功にこだわりすぎる人」ほど仕事を抱える

上昇達成の動機が強い人は、「成功する」「逆転する」「成長する」「一番になる」「ライバルに勝つ」「達成する」「新記録」「優勝」「最優秀賞」「史上最高」「昇給」「ベスト」などが大好き。力がみなぎるタイプの人です。

この上昇達成の動機を持つ人に多いのが、パターン6の「成功にこだわりすぎる人」です。

とにかく成功本を片っ端から読んで真似するなど、勉強熱心です。常にギラギラとしていて、獲物を狙う猛獣のように研ぎ澄まされた感覚も持っています。

営業成績が全国でNo.1の人などに、この動機の強い人が多いです。

やる気も強く実績もある人だからこそ、信頼とともに仕事も集まってきます。とにかく精力的にこなしてしまうし、成功に結びつかないことは容赦なく切り捨てるのが得意なので、たいがいは大丈夫。

しかし、成功にこだわりすぎてしまうために、余分に仕事を抱えてしまい、キャパシティをオーバーする。こうなると大変です。バランスを崩してパニックになるかもしれません。

「抱えすぎの人生」から抜け出そう

◎スライディング・ブロック・パズル

ここまで見てきたように、実はどんな人も「抱えすぎた状態」に苦しむ可能性があるのです。今まで悠々と仕事をしてきているという方は、たまたま運が良かったのかもしれません。条件が少し異なれば、あっという間に仕事、雑念、不安感情などに溺れてしまうでしょう。

それらを抱えすぎてしまうと、パフォーマンスは下がり、頑張っても成果が出ない、身動きができないという状況に陥ってしまいます。

そんな「抱えすぎ」からの脱出の道は、「身動きできる余地をつくること」です。すなわち、生活の中に空白をつくること。空白とは余裕のこと。一歩引いて、考えられる余裕（スペース）が必要なのです。

「スライディング・ブロック・パズル」というものをご存知ですか？

枠の中の正方形のコマを並べ替えて、目的の配置にするパズルです。このパズルは最初から1ピースが外れています。そのスペースを使ってコマの位置を一マスずつずらしていきます。そもそも、すべてのコマがはめられていたら、このパズルは遊ぶことができません。1ピースだけ外されているからこそ、動かすことができるのです。

これと私たちの人生は同じです。

生きている間に抱える荷物は増えていくばかりです。

仕事がたくさんあるからといって、できる仕事はできるだけ詰め込むということをしていくと余裕がなくなります。仕事において一切の余裕がなくなってしまったら、うまく回るものも回らなくなってしまいます。

ですから、動けない人、成果の出ない人がやるべきことは、「余裕を確保すること」なのです。

あなたも、多くの仕事や悩みが「抱えすぎ」の状態になっているかもしれません。もしもそうならば、真っ先にすべきは、余白、空白、余裕をつくることです。

◎強くつかんでいるものを、手放してみる

仕事や悩みを抱えすぎて苦しんでいる方は、余裕を生み出す必要がある、と書きました。普段は「〜するために」とか「〜が怖いから」という理由で、何かにしがみついて握りしめて、つかんでいる状態ではないでしょうか。

つかんだ力を緩めて、手放してみましょう、というのが本書の提案です。

たとえば、テニスのラケットをしっかりとつかんでいる人がいるとします。その人が、バスケットボールをやろうと思ったら、どうしなければならないでしょうか。

まず、テニスのラケットを手放して、バスケットボール・シューズに履き替えてコートに上がらないといけません。

ぎゅっとつかんでいると、それ以外のものをつかむことはできません。つかんでいるものを手放すからこそ、新しいものが手に入るのです。

たくさんの仕事を抱えていれば いる人ほど、つかむ力を適度に緩めて、手放すことが重要です。仕事は山ほどあります。次々処理していかなければなりません。一つの仕事をつかんだら、それだけに100％の力で取り組む。完了したら手放す。次の仕事をつかんで全力で取り組む。そして手放す。この繰り返しです。

また、心配事や気掛かりがあっても同じことです。つかんでばかりいないで手放しましょう。

それは呼吸と同じです。息を吐き切れば、空気は自然と胸一杯に入ってきます。ところが、息を吐かないと苦しいばかりで、それ以上吸い込むことはできません。常に、息を吐いて吸うことの繰り返しです。

呼吸するのと同じように、頭は、常に無数の情報を取り入れています。頭は、その情報を使って、判断し、意志決定し、行動を選択します。

その情報に余計なものが混ざっていると、判断も意志決定も行動の選択も間違ってしまうのです。

現代のようにテレビやネット、スマートフォンのある時代では、これまでのどの時代よりも、情報の波に流されて溺れてしまう確率が高まっています。

そうならないためには、ごちゃごちゃした頭の中の情報や信念、思い込みを一度すべて手放して、心と体の奥底から湧き上がる「本当に必要な情報」をつかむ訓練をする必要があります。

すべてを手放して頭と心を空っぽにすると、ふっと直感が湧き上がってきます。それを素早くつかまえるのです。

直感は、あれやこれや余計なことを考えていると、つかまえそこなってしまいます。手放すからこそ、つかまえることができるのです。

手放す前に知っておくべき「行動の原則5箇条」

まず、「抱えすぎの状態」を脱出するための「行動の原則5箇条」を紹介します。

1. 行動がすべてを変える
2. 自分の行動しかコントロールできない
3. 今しか行動できない
4. 一度に「一つ」の行動しかできない
5. 小さな単位でしか行動できない

1. 行動がすべてを変える

まずは「行動がすべてを変える」ということを理解してください。

2. 自分の行動しかコントロールできない

私たちが頭で考え動かすことのできるのは、自分の体のみ。意志を持って行動できるのは自分だけです。

人のことをコントロールしているように思えても、それは他人に自発的な行動を起こさせているに過ぎません。コントロールできるのは自分の行動だけです。

3. 今しか行動できない

そして、過去は過ぎ去り、未来は未だ来ないのですから、私たちは現在においてしか行動できません。私たちは、永遠に現在に閉じ込められている、ということもできるくらいです。過去を振り返るのも今。未来の予定を立てるのも今。今しか行動できません。

4. 一度に「一つ」の行動しかできない

また、一人ひとりが一つしか肉体を持たず、頭の構造からも一度に「一つ」の行動しかできないのが私たちの宿命です。心臓を動かしながら、呼吸して、話すこともできますが、集中力を要する高度な仕事は、一度に「一つ」しかできません。

5．小さな単位でしか行動できない

私たちは、一度にできる仕事量も限られています。たとえば一秒間にできることには限界があります。小さな単位の行動しかできませんが、それが積み重なると大きな仕事も成し遂げられます。

この行動の原則5箇条を踏まえて、「仕事を抱え込んでしまう思い込み」の数々を手放していきましょう。

シンプルに考える4段階

◎最適行動選択のプロセスを知れば行動できる

「抱えすぎている状態」を一つずつ解除していく前に、最適行動選択のプロセスを理解しておきましょう。それには、次の4つの段階があります。

1. 手放す
2. 見る
3. 選ぶ
4. 取り組む

1. 手放す

仕事のタスク、恐怖や不安、悩みにとらわれている状態を手放すことです。

一度頭の中から外に放り投げ、ゼロベースで考えるのです。

伸びをしたり、大声を出したり、ストレッチや散歩などの気分転換によって、もやもやした思いを手放しましょう。

2. 見る

視野を広げて、全体を眺め、抱えている仕事や悩み、懸念を把握します。たくさんやるべきことがある場合は、やるべきことすべてを書き出して全体を把握します。

3. 選ぶ

いくつもある案件の中から、真っ先に取り組むべきものを選びます。

選ぶのは最重要の課題です。私たちは一度に一つのことしかできないのですから、取り組むべきものも一つに限られます。最初にやることは何かを決定します。

緊急ではないが重要である課題については、毎日の予定に組み込んだり、あらかじめ取り組む日時を「選ぶ」ことで対処します。

4．取り組む

行動です。一度何をするかを選んだら、「選択」から「行動」に気持ちを切り替えましょう。行動に集中します。

多くの方が、仕事や悩みを抱えすぎて動けなくなるのは、しっかり「選ぶ」ことをせず、一つのことに集中できない状態だからです。

また「選ぶ」ことをしても、全体を俯瞰して「見る」プロセスを怠《おこた》ってしまうと、重要度の低い課題を「選ぶ」ことになりかねません。しっかりと全体を把握して「選ぶ」ことが重要です。

最重要課題を選んで取り組み始めたら、その一つのことだけに100％集中することです。最重要の課題以外を手放した状態であれば、集中できないはずがありません。

最重要課題に取り組んでいない場合も、ほかの仕事や悩みや考え事を持ったまま最重要課題に取り組んでいる場合も、集中できないのはむしろ当然です。

以上、4つの段階をきちんと分けて行動することが大切です。

全体をつなげてみると、次のようになります。

まず、いきなり仕事に取りかかるのではなく、一呼吸置いてすべてを「手放す」。そして、仕事の全体を俯瞰して「見る」。やりたいことやすべきことを洗い出して、その全体を俯瞰します。

そして、一つだけ真っ先に取り組むことを「選ぶ」。

最後に、真っ先にすべきことに意識を集中させて「取り組み」ます。

この一連のプロセスが完結したら、またそのプロセスを「手放し」ます。あらためて、全体を俯瞰して「見」て、次にやるべきことを見つけ出し、そして実践する。

この「最適行動選択のプロセス」を繰り返していけば、すべきことを山ほど抱えて苦しむということはなくなります。

次章から、つかんでいるものの手放し方を紹介していきます。

これまでの人生を手放すと、新しい人生をつかむことができます。

過去を手放せば、未来をつかむことができます。

第2章

抱え込んでしまう「仕事」を手放す

（仕事・行動編）

「真っ先に取り組む仕事以外」をすべて手放す

仕事の抱えすぎは、仕事の量を減らすことができれば解消できます。

仕事の量を減らすためには、

・仕事を受けない
・他人に仕事を回す
・仕事のスピードを上げて、どんどん片づける

などの方法があります。

「そんなことを言ったって、自分に裁量権はないし、仕事を回す相手もいない」

そんな声が聞こえてきそうです。実際、人手不足が慢性化して、一人ひとりの負担が一向に減らずに困っている人にとっては、仕事など増えるばかりで減るはずが

ない、と感じているでしょう。

ひとまず、今は仕方ありません。やるしかないのですから、今、取り組み中の仕事に集中しましょう。

「人は一度に一つのことしか行動できない」という原則は変わりません。

「真っ先に取り組む仕事以外」はいったん忘れてしまい、手放してください。

やるのであれば？　気分を切り替え、楽しい気分になってから、仕事に取り組みましょう。

気分が上がらず、心配を抱えたまま仕事に取り組むと、生産性が下がります。

気分を上げて、「真っ先に取り組む仕事以外」をすべて手放してしまいましょう。

「今できないこと」を手放す

「やりたいのに、今はできない」とか「やりたくないから、今はできない」ということがあります。いずれの場合も、要は「できない」わけです。

・能力の面で、できない
・担当ではないので、できない
・その地位についていないので、できない
・まったくやる気が起きないので、できない
・やり方がわからないので、できない
・条件が整っていないので、できない

できない理由はたくさんあります。「できない」のはおおいに結構。

「今できない」のが明白ならば、その「今できないこと」はすべて手放しましょう。理由は不要。できない理由をいくら挙げたところで何も変わりません。

いったん「今できないこと」を手放して、「今できること」を探しましょう。

・能力が不足しているのならば、能力を高めることは「今できること」
・担当でないとしても、現在の立場でできることは「今できること」
・その地位にないなら、その地位に近づくためにできることは「今できること」
・禁じられていないが、そのテーマに関わることは「今できること」
・やる気を起こすことは「今できること」
・やり方を調べることは「今できること」
・条件を整えるためにできることは「今できること」

今できないことに地団駄《じだんだ》を踏んでも無意味です。「今できないこと」を手放し、「今できること」「近いうちにやるために今できること」に焦点をあてましょう。

「時間はマネジメントできる」を手放す

「おまえは仕事が遅い。もっとうまく時間を使え。タイム・マネジメントを勉強しろ」と諭される人もいます。時間をうまく使い、膨大な仕事を処理できたら、どんなに素晴らしいことでしょう。

時間は、空間と並んで人類最大の謎ともいわれ、多くの哲学者が論じてきたテーマでもあります。ドイツの哲学者カントは、空間そのものも時間そのものも扱うことはできない、と言いました。なぜならば、それは人間の認識の枠組み（カテゴリー）だからというのです。

実際に、時間は見ることも触ることもできません。時計の針という物質の移動を計測しているに過ぎず、時そのものを見ているのではありません。

だから、時間をマネジメントするなんてことはできないのです。

「時間をやりくりする」とは言いますが、実際にやりくりしているのは「時間あたりの行動」です。行動のみ、マネジメントすることができるのです。

ですから、タイム・マネジメントできるという考え自体を手放しましょう。

そうすれば時間ではなく、いかに行動すべきかを考えるようになります。所要時間あたりの行動に意識が向くのです。

時間のほかにもマネジメントできないものがあります。

それは他人です。他人もマネジメントすることができません。

デール・カーネギーは『人を動かす』（創元社）の中で、「人を動かす秘訣は、まちがいなく、ひとつしかないのである。すなわち、自ら動きたくなる気持ちを起こさせること……これが、秘訣だ」と書いています。

私たちは、一人ひとり自由意志を持っています。自らの行動は自らの意志においてのみなされるのです。他人を支配することなどできません。できるのは自分の行動をコントロールして、他人に自ら行動する気持ちを起こさせることだけなのです。

「優先順位」を手放す

「優先順位」を手放しましょう。

優先順位1位のものに取り組んでいる間に、2位以下の案件が時とともに変化していきます。時が経てば、優先順位付けしたときと同じ状態ではありません。優先順位が変わるのは当然なのです。

仕事は、一つひとつ片づけながら、そのつど全体を俯瞰して、最も重要なことに取り組んでいけば、あとの順位などいちいち考える必要はありません。

常にそのときの最重要項目に取り組めば良いのです。

一つの仕事が完了したら、また仕事の全体を俯瞰して、変化後の全体像を把握する。そして、その時点での最重要項目を選択し、実行する。また全体を把握して、選択し、実行する。これを繰り返すだけで良いのです。

毎回ゼロベースで考え、最重要項目の一つだけに、100%集中しましょう。

今すべきことと、やるべきことがたくさんあって大変ならば、すべての取り組み案件を一通り洗い出して、状況を俯瞰するのです。

軽く目を閉じて、心に浮かぶものにとくに気を止めずに、ぼーっとしてください。

しばらくしたら目を開けます。

「何が一番大事なんだろう」と自分に問いかけてみてください。そのときに、ぱっと思い浮かぶことをつかまえましょう。

それだけです。それ以上、2番目に何をするとか、3番目がどうだとか考える必要はありません。今すべきことがわかったのですから、それに集中して、それが終わるまでほかのことは忘れていて良いのです。

「優先順位を付けなければいけない」という考えはいったん手放して、「常に最重要項目にだけ取り組む」ことにしてみましょう。

「まだ時間がある」という思考を手放す

「納期のない仕事はない」

この言葉は誰でも聞いたことがあると思います。納期とは納入期限の略であり、商品やサービスを納める期限。つまり、締め切りです。

納期があるということは、使える時間が限られているということです。

私たちは、漠然と「まだ時間がある」という考えを抱きがちです。これが大間違いです。そして、それこそが仕事を抱えてしまう原因の一つです。

たとえば、提出期限が2週間後の書類があるとしましょう。そのときに、「あ、まだ2週間ある」と考えていませんか？

提出期限が2週間後でも、使える時間が2週間あるわけではないのです。

わかりますか？

提出期限までの2週間は、その書類のためにまるまる使えるわけではありません。

睡眠時間も通勤時間もあります。食事や入浴、飲み会や各種のつきあいもあります。さらにその間には、商談、会議、ほかの提出書類の作成、企画のためのアイディア出しなど、たくさんの仕事があるはずです。

それらの時間を2週間全体から差し引いたら、実際にはどれくらいの時間がその書類のために使えるでしょうか。ひょっとしたら、1時間を2回とれるだけかもしれません。

そうならば、提出期限が2週間後の書類のために割ける時間は、2時間しかないということです。期限が切られたときに、単純にその期限までの日数を計算してしまうと間違えます。その期間の中で、取り組める時間を計算しないといけません。

「仕事のための時間は有限だ」

どんな仕事でも、それに割ける時間は有限なのです。このことを肝に銘じましょう。決して、無限に時間があるような漠然としたイメージを抱かないことです。

「まだ時間がある」という考えを手放しましょう。

「質よりもスピードが大事」を手放す

「質よりスピードだ。とにかく速く動け！」というのは、よく聞く意見です。仕事はスピードが何より大事、というのは事実です。質を上げても納期を守れなければ、意味がありません。完璧を求めるあまり進行が遅れるよりも、8割の出来でもスピーディーに進められるほうが、評価されるといわれています。実際そうでしょう。

しかし、「スピード」だけにとらわれると、大切なものを見落とします。スピードに関する誤解が、大きく分けて3つあります。3つの誤解を一つひとつ手放していきましょう。

一つ目の誤解は、「できるだけ早く着手すれば良い」という考え方です。

「着手する時期を何がなんでも早くすれば良い」という考えがあります。大きな仕事でも小さな仕事でも、どんな仕事が来ようが、とにかく目の前の仕事にはすぐに対応すべきだという考えです。

ありとあらゆる種類の仕事が時々刻々と発生します。順序良く仕事が発生してくれればいいのですが、実際にはそうではありません。

目の前の仕事から順にやっていくと、今やらなくてもいいことであっても、すぐに取り組むことになります。結果として大事な仕事が後回しになってしまうかもしれません。

そうならないために「今、何をすべきか」を毎回考えましょう。

どの仕事から着手すべきかは、その時々にどんな仕事を抱えているかによって変わってきます。

一つひとつの仕事は、適切な時期に取り組み始め、最適な時期に納めるべきです。どんな仕事も重要度とは無関係に、やみくもに着手すれば良いのではありません。

2つ目の誤解は「速くやらなきゃいけない」という考え方です。

「速くしなくちゃ、速くしなくちゃ」と考え、焦って仕事する人がいます。本人は気持ちが急いでいると、時間の流れ方が変わるように思えるのでしょう。短時間で多くの作業ができるような気になれるのです。

しかし、いくら速くやるといっても限界があります。何から何まで急ごうとすると、気持ちが落ち着かず、かえってミスを招きます。急いでいるわりには、成果につながらないのです。

「スピードを上げることと、気持ちを焦らせることは別のこと」だと考えるようにしましょう。

3つ目の誤解は、「早く仕上げれば良い」という考え方です。

もちろん、仕事は早いに越したことはありません。しかし、何のために急ぐのか、一度落ち着いて考えてみる必要があります。急ぐ気持ちも、納期に間に合わせることも当然です。

しかし、仕事には、それぞれ求められる質と量があるのです。納期との兼ね合いで、最適な速度があります。「急《せ》いては事をし損じる」という諺《ことわざ》もあるように、急いだがために求められる質を満たせないなら、それは本末転倒です。

急ぐということは、要求されている量と質を満たし、最短で仕上げ納品するという意味です。急ぐことと慌てることは、まったく別のことなのです。

だから、やみくもに「急げ」というのは無意味です。

最小限の手数で、適切な量と質をこなせたときに、仕事は早く終えることができます。つまり、あなたがなすべきことは、適切な量と質を見極め、無理なく、無駄なく、ムラなく行動することです。

どれくらいが最適であるかについて、絶対的な基準はありません。

仕事とプライベート、依頼主と提供者、それぞれに要望があるので、視座の転換をしながら、それらを俯瞰して判断する必要があります。

だから、「質よりもスピードが大事」だとか「とにかく迅速に仕事をしなければいけない」という思い込みは手放しましょう。

「マルチタスク」を手放す

今のパソコンは、動画を再生させながら、ワープロや表計算ソフトなどいくつものソフトを同時に動かすのが当たり前になっています。このように複数の仕事を同時にこなすことを「マルチタスク」と言います。

また、実際に「仕事のできる人」は、軽々といくつもの仕事を同時にこなしているように見えます。そのため、「マルチタスクのできる人はすごい」というイメージも生まれて、会議に出ながらメールの返信を打つとか、電話をしながら文書作成をするなど、多くの方はいろいろな試みと努力をしてきました。

しかし、次第に、そんなことは無理だということがわかってきました。

「マルチタスクで仕事しよう」という気持ちを手放しましょう。

一つのことに100%集中していくほうが、質もスピードも高くなります。集中力がいる複数の仕事を、同時に取り扱うことはできません。

意識的にやらなければならないことと、考えなくてもできることの組み合わせならば、同時にできることもあるでしょう。おしゃべりをしながらの単純作業や、BGMを聴きながらの仕事などの組み合わせであれば可能です。

しかし、複数の高度な知的労働を同時に行うことはできません。

たとえば、あなたが車好きで、2台の車を持っているとします。1台はフェラーリ、1台はランボルギーニです。そして今、あなたは、フェラーリを自ら運転しているとします。そのときに、ランボルギーニにも乗って運転したいと思ったら運転できるのでしょうか。

同時には無理です。フェラーリを降りてからランボルギーニに乗るほかありません。同時に2台の車を所有することはできますが、運転は無理です。

もちろん、同時にできるものは確かにあります。ドラマーなら複数の打楽器を同時に叩いて演奏することができます。

ただそれは、複数のものをまとめて一つのことに変換して処理しているからです。

また、十分に慣れていて、意識的に何かを考えなくてもできるにすぎないのです。

仕事の質とスピードを高めたければ、シンプルに考えることです。最初から、「一つにしか集中できない」と割り切ってしまいましょう。そうすれば、集中力は高まり、仕事の質も上がります。

もしも今後、切羽《せっぱ》詰まってしまい、同時にやらなければならないと感じたら、「同時にいくつものことはできない」ということを思い出してください。助けを求めるなり、担当を変わってもらうなりしましょう。

私たちはコンピュータではありませんので「マルチタスク」を手放して、一つのことに集中するようにしましょう。そもそもコンピュータでさえも、実際は一度に一つのことしかしていません。処理速度が超高速だから、同時に複数のことを処理しているように見えているだけなのです。

同時にやらないと決めていれば、行動はシンプルになるのです。

「真面目にきっちりこなす」を手放す

真面目な人は物事を「いい加減」に済ますことができません。その結果、仕事を抱えすぎてしまいます。

「いい加減」にも2つの意味があります。

一つは、「手抜き」です。

真面目な人は、この「手抜き」が大嫌いです。

「いい加減」とは「手抜き」のほかに、もう一つの意味があります。

それは「最適な量と質」という意味です。最適とは「過不足がない」ということです。最適にすることを「最適化」といいます。

あなたが「手抜き」を嫌い、真面目にきっちり仕事をしたとしましょう。

あなた一人が、仕事の効率化を図り、最適化をしたとしても、同僚や他部門の人との連携においては、少しも最適化されないということも起こり得ます。全体が最適化されていないのに、あなただけ精度を高めても仕方がありません。全体を俯瞰して、それこそ「いい加減」にしたほうが良い場合もあるのです。

たとえば、明後日が納期の仕事があり、あなたが徹夜をして明後日の納期に間に合わせたとします。しかし、納品先の企業ではトラブルが発生していて業務が停滞していた。あなたが納めた商品はさらに1週間は使えなかった。

これでは何のための徹夜だったかわかりません。納品先の状況を把握しておけば、無理して徹夜する必要もなく、その間にほかの仕事をすることもできたはずです。

このように、全体俯瞰の視座から「いい加減」を追求することはとても大事です。

目の前のことに集中することも大事なのですが、視野を狭めたまま判断してしまうと、結果として無理・無駄・ムラが生まれます。

己は犠牲にしても構わないという威勢の良い考えは、偏りを生み、全体のバランスを崩すもととなるのです。

「いつでも行動できる」を手放す

心に余裕があるのは良いことです。しかし、時にそれが致命的になることもあります。たとえば「いつでも行動できる。今じゃなくてもいい」という思い込みです。「いつでもできる」と思っていると、今すべきことを先延ばしにしてしまう可能性が生まれます。

昨日でも明日でもなく、「今」なすべきこととは何でしょうか？

そう、最重要項目です。

シンプルに考えましょう。

あらかじめ予定していた大事な仕事や、緊急性の高い仕事のはず。

それがわかれば、今すべきそのことに集中できます。

「いつでも行動できる。今じゃなくてもいい」と思っていると、「今すべきこと」

が何なのかわからなくなってしまいます。結果として、今すべきでないことをやってしまうかもしれません。

後でやれば良いことであれば、わざわざ今やる必要はありません。重要なことを先延ばしにすると、時間が空きますので、今やらなくても良いことや、やってもやらなくても良いことをやってしまうかもしれません。

「いつでも行動できる」という一見すると余裕とも受け取れる態度は、これらの弊害を招いてしまうことがあるのです。

これから何かを改善しようと思ったときに、期日を決めずに「いつかやろう」という態度では、いつまでたっても行動できません。

行動できるのは「今」のみです。

行動の期日を決めることができるのも今だけです。いつでも行動できるのではなく、今しか行動できないのです。

「気合いで仕事に取りかかる」を手放す

「気合いでやろう」「スケジュール的に難しいけど、頑張ろう」

こういった考え方は、仕事や問題を抱えるもとです。

そもそもスケジューリングとは、納期までに使う行動時間の配分のことです。

その際に大切なことは、納期や締め切りの時間ではありません。大切なのは「開始期限を設けること」です。これだけで先延ばし癖はなくなります。

まずは、大体どれくらいの時間がかかるかを予測し、取り組み開始期限を決めてください。

そして、その開始期限を守るところから始めましょう。

取り組み開始期限の前であっても、その仕事のことを思い出したら、少しでもいいのでメモをとるのです。

メモをとっているうちに、課題は解決してしまうかもしれません。そのメモをとっておいて、取り組み開始期限になったら必ず取り組んでください。そこからスケジュールの適正化を始めることができます。


たとえば上司はお客様との約束を最優先にする人だとします。そのため、とても無理なスケジュールを要求してくるかもしれません。そんなときこそ、日頃からの予測と検証が大事になります。

あなたの予測では明らかに無理だという場合、その予測に基づいて、今からとれる最善の方法を探しましょう。最善の努力をしてもなお、間に合わないと予測されるならば、少しでも早くその予測を上司に相談しましょう。そして、それを補う方法がないかを、上司とともに探してみましょう。

「予定しているスケジュール」を手放す

何でも「すぐやる」「頑張る」ではなく、一度ゼロベースで考えるようにしましょう。そのための方法が「すでに予定しているスケジュールを手放す」です。

もともと決めていたスケジュール通りに行動するというのも悪くありませんが、緊急事態が発生すれば、その時点で無駄になることもあります。予定を立てた時点では楽しみにしていたことが、いざ実行の段になったら何の魅力も感じなくなっているということもあるでしょう。

世界はひとときも休むことなく、常に変化しています。あなた自身も例外ではありません。予定を立てた時点と現在とでは、自分も世界も変化してしまっているのです。

仕事をしているうちに、予定はどんどん入ってきます。

ネットでスケジュールを共有している人などは、空いている時間帯に次々と予定やアポイントを入れられてしまう方もいるでしょう。だから、人から決められるのが予定であり、スケジュールだと思っている方もいます。

そこで、既存の予定を手放して「無制約のスケジュールを組むワーク」をやってみましょう。

◎無制約のスケジュールを組むワーク

①一週間の予定を全部外して考えてみる

もしも今週一週間、何の予定も入っていないとしたら、どう過ごしたいかを考えてみましょう。何も見ないでスケジューリングしてみることが大事です。

自分の中で、あまり大事ではないと思っている案件は思い出せません。一方、非常に重要だと思っている案件は否が応でも思い出します。思い出した案件をスケジュールに組み入れます。空白の時間が多いようでしたら、そこに、本当は取り組みたい仕事を入れていきましょう。これを、「無制約のスケジュール」と呼んでいます。

②入れたい予定を実際のスケジュールに埋めてみる

1週間分埋めてから、実際に存在する細かい案件を確認すべく、手帳なりスケジュールアプリなどを見てみます。

「無制約のスケジュール」と比較してみると、すでに予定していたアポイントと無制約なスケジュールがバッティングしているものがたくさん出てくるでしょう。

③すでに入っている予定を再検討する

そこで、すでに入っている予定は、そのまま実施すべきなのかを考えましょう。キャンセルしろ、とまでは言いません。本当に必要なのかどうか自分に問いかけるのです。

「やはり必要だ」と感じたら、その予定をより一層意義深いものにするためにできることは何か、と考えてみます。漠然と予定を履行するわけにはいきません。なぜなら、無制約に考えてみたら、それよりも大事なことを予定していたのですから。

④意義がなければ、キャンセルか日程変更する

もしも「意義がない」と思うならば、思い切ってキャンセルするなり、人とのアポイントであれば別の日程にずらしてもらうなりしてみましょう。

予定の変更というのは好ましくないという考え方や、絶対に変更しないというポリシーが信頼を生むのだという考え方もあります。

どうするかはあなた次第ですが、本当はどう生きたいのか、どう過ごしたいのか、それがどれくらい価値あることなのかについて、あなたがどう思うかで行動は変わってくることでしょう。

「あなたはどうしたいか」に向き合うのが、この「無制約のスケジュール」なのです。

第3章

自分を縛りつける「思い込み」を手放す（思考編）

「捨てなければならない」を手放す

人は一度に一つのことしかできません。仮に同時にいくつものことができる人がいたとしても、少なくとも限られたことしかできないでしょう。一度に一つのことしかできないということは、それ以外は捨てろということなのでしょうか？

人によっては「全部捨てろ！」などと乱暴なことを言います。

「そんなの会社命令なんだから捨てられるはずないだろう！」

その通りです。捨てられません。

全部やれと言われているからこそ、困っているわけです。あるいは、「捨ててしまうのは怖い」「捨てるのはもったいない」などの感情が生まれることもあります。

「捨てる」という言葉には、永遠の別れのような感覚がつきまといます。もう二度と手に入れられない。だから惜しくなり、もったいないと感じるのです。そうであれば「捨てるわけにはいかない」と考えるのは当然です。

そこで、「捨てる」代わりに「手放す」のだと考えましょう。文字通り、手を放すのです。手放すのは「捨てる」のとは違います。ゴミは捨てますが、大事なものは捨てません。大事なものや高価なものは、手放すことならできるはずです。大事に扱って手放すのです。

仕事も人間関係も大事なものであれば「捨てる」必要はありません。必要とあらば、またつかめばいいのだと考えると楽になれます。

具体的には、「あれもこれも」と注意が散漫な状態から、「1％」に集中すると決めるだけです。集中するということは、「一つ」を選択することですが、ほかを捨てるわけではありません。一時的に手放すということなのです。

今取り組んでいないことは、完全に脇に置く。今、取り組んでいることに全力を注ぎ、気持ちを大胆に切り替えるのです。

そのように取り組むと、仕事の質も高まり、予想以上の成果を上げることができます。

「自分の視座」を手放す

仕事を抱える人は、自分だけの視座にしがみついてしまいがちです。

「私が正しい、これしかない」という考えに固執すると、行き詰まったとき、行動できなくなったり、解決法が見つからなくなったりします。

そんなときは、自分の視座を手放し、他人の視座から仕事を見直してみましょう。

一番良いのは上司の視座です。自分が仕事を抱えすぎてアップアップしているときに言われる上司の言葉を思い返してみると、

「そんなのは5分もあれば片づくだろう！」

「要領よくやれ！」

「時間がないなら、夜中に眠りながら考えておけ！」

そう言われると、「口で言うのは簡単だけど、やるのはこっちで、大変なんだよな。大体上司は、簡単に考えすぎなんだよ」と、ついつい愚痴ってしまいがちです。

「できるもんなら部長がやってみてくださいよ！」

と、もう口元まで出かかる言葉をぐっと呑み込んでいるかもしれません。口にしてしまったら、上司は実際にやってしまうかもしれません。それでは形無しです。自分の存在意義が問われてしまいます。だから言えません。

そんなふうに感じているあなたは、良いところに気づいています。

そうです。上司は、仕事をとても簡単に捉えています。そして仕事を抱えすぎて大変なあなたは、仕事をとても大変なものと捉えています。

この違いは、どこから来るのでしょうか？

同じ仕事を見ているようでいながら、まったく見え方が違うのです。一方の上司は簡単だと見て、もう一方の部下は大変だと見ている。同じ一つの仕事でも、視座が異なれば見え方がまったく違います。

視座というのは、視点と立場のこと。どんな立場でどんな目の高さからモノを見るのか、ということです。
部下と上司の視座の違いは、次の3つに収斂《しゅうれん》されます。

1．上司の視座は部下よりも高い

上司の視座は、たいがい部下の視座よりも高い位置にあります。それはまるで、迷路を歩く人と、櫓《やぐら》から迷路を見下ろしている人との違いです。上司が、いかにも簡単そうに言うのは、その視座が高いために、答えが大体見えているからです。

2．上司の情報量は部下よりも多い

視座が高いだけでなく、上司は部下よりも情報を多く持っています。とくに、上司が簡単そうにいう仕事は、自分がかつて経験した仕事であったり、段取りの予想がつく仕事だったりします。部下のあなたよりも、上司のほうが多くの情報を持っているものについては、上司の意見は大抵間違っていません。

ただし、現在は変化の激しい時代ですので、上司も未経験の仕事は山ほどあります。上司は口では簡単にできるはずだと言うものの、部下のほうが情報を持っていたり、判断を誤ってしまうこともあります。その場合は、上司があなたと同等の認識にいたるまで情報をもたない限り、意見の食い違いは埋まりません。

3．上司の視野は部下よりも広い

上司の視座に立てば、これまでの経験や部門の責任者としての立場もあって見える景色が違います。部下の指導も、性格や能力、適性などを知った上で、その仕事を把握し、理解しているはずです。簡単に言うと、上司というのは担当者である部下よりも広い視野を持っているので、仕事と仕事を取り巻く状況を幅広く総合的に見ることができるのです。

ぜひ一度、自分の視座を離れて、上司の視座に立って仕事を見直してみてください。きっと新しい発見やブレイクスルーがあるはずです。

「仕事で楽をしたい」を手放す

「仕事の効率化なんて無駄。ゆっくりやったほうが身のためだ」

自分の仕事のキャパシティに余裕を残して自分を守ろうとする人がいます。ぎちぎちに詰め込まれた仕事をするよりも、楽に仕事をしたいという考え方です。

誰だって、仕事は楽をしたいものです。


ここであえて一度、「仕事で楽をしたい」という気持ちを手放してみましょう。

「楽をしたい」と考えて消極的に取り組んでいくと、仕事はどんどんつまらなくなっていきます。やがては仕事が嫌で嫌で仕方なくなってしまうかもしれません。

何のために今の仕事に就いたかさえ、わからなくなる可能性もあります。


先日も、ある方と話したのですが、「仕事の目的は何だろうか」というテーマになりました。私は、次のように答えました。

「仕事というのは、この世界をより良くするということではないでしょうか」

仕事は苦役であるとか、懲罰であるという西洋的な考え方もあります。

しかし、一方で日本人は、労働に価値を見いだしてきました。仕事は、世のため人のため、世界をより良くするためのものであるはず。そうであれば、「その仕事は楽かどうか」「仕事をいかに楽にできたか」というのは、二の次です。お客様の視座に立ってみても、どちらでも良いことです。

世の中を良くするという大目的のもと、お客様に喜んでいただくという中目的もあるはずです。少なくともビジネスである限り、お客様に喜ばれないと、商品は買ってもらえません。それが売れないということです。

お客様の喜びを得るという中目的を達成しながら、世の中をより良くしていくという大目的を達成していくという構造は、どんなビジネスにも言えることだと思います。

「ロジカルに考える」を手放す

ロジカルシンキング（論理思考）は、ビジネスマンに不可欠のものだといわれています。実際に多くの優秀なビジネスマンは、論理思考が得意で、彼らの話には切れと説得力があります。交渉をするにも有利な展開が望めます。

論理思考は、他人を巻き込むために重要な働きをするのです。

しかし、個人の行動をすべて理詰めで考えていくと、行動が遅くなります。

あまりに論理に縛られて行動できなくなるくらいなら「ロジカルに考えなければならない」という思い込みを手放しましょう。

論理を手放し、行動するための武器が直感です。

直感は論理を超えています。日々接している様々な情報を無意識と経験から分析した結果として、「なんか良い感じ！」とか「行ける気がする！」などと感じるものです。

私たちは、眠っている間にも情報を処理しています。無意識領域で様々なことが処理されています。その結論が直感としてぽんとやってきます。

直感を他人に説明する段階になってはじめて論理が必要なのです。

行動するのに理屈はいりません。行動を説明するときに論理が必要なのです。

「この商品の色はなぜ赤なのですか」

デザイナーはもちろん、論理的に説明するでしょう。しかし、デザイナーが最初に赤を思いついたのは直感だったかもしれません。プレゼンをするときまでに、もっともらしい論理をつくるだけです。

論理に振り回されるのは本末転倒。

世界を動かすために論理があるのです。

ロジカルに考えることが大事なのではなく、直感に基づいて行動し、ロジカルに説明し、世界を動かすことが大事なのです。

「昇給・昇進」を手放す

「仕事を抱えすぎている人」は、「昇給・昇進」にしがみついて、逆に縛られていることがあります。「昇給・昇進」を手放してみましょう。

「仕事を抱えすぎている人」は、ただでさえ大変なのに、さらにたくさんの仕事をこなそうとしてしまいます。スピードや納期を優先しながらも、量と質についての要求を満たそうと必死に仕事をしています。

要求に応え、提供できる仕事の量と質を高めるということは、あなたの価値を上げることでもあり、企業にとっても有益なことに違いありません。

それらの努力はすべて社内の評価、昇給や昇進へとつながっています。「頑張れば報われる」「きっと待遇が改善される」という期待を胸に努力しているわけです。

ただし、それが社内的価値の向上だけにとどまっていると、あなたの収入アップにはつながらないかもしれません。

昇給・昇進というのは、結果です。自分の意志だけで思うようになるものではありません。

どうせ努力するのであれば、努力が報われ、収入アップにもつながる形をとりたいものです。

大事なことは、あなたの努力がお客様に喜んでいただけるかどうか。あなたの社外的価値の向上に焦点を当てることです。

そのためにもあえて社内的な「昇給・昇進」を手放しましょう。そして、お客様にいかに喜んでいただけるか、社外的価値をどうすれば高められるかを考えましょう。

そして、小さなことから、一つずつ行動に移していくのです。

あなたの仕事の量と質が向上し、仕事の価値が上がり、同時にあなたの価値を上げるためには、何がどうなれば良いのでしょうか。そしてそれを実現するために、あなたは何をすべきなのでしょうか。

こういうことを常に考えていきましょう。やがて答えが見えてくるはずです。

「成功への執着」を手放す

「成功なんて無理」と口では言いながらも、心の奥底ではやはり「成功」を夢見ている人も多いでしょう。

あまりに「成功」に執着しすぎると、「行動」に意識が向かず、足元がおろそかになったり、行動を断念してしまったりして、結果として「成功」が遠のきます。

本気で成功しようと思うならば、むしろ「成功への執着」を手放しましょう。視野を狭めず、成功以上の大成功をも受け止める気持ちで心を開きましょう。

「成功」とは、あなたの目標が達成された「結果」のことです。

「成功」しようが、「失敗」しようが、達成しようが達成しまいが、**「結果」とはやってみたからわかる「実験結果」のようなもの**です。

世紀の発見と呼ばれた某細胞についての発見が発表された後、その論文が否定され実験は成功していなかったとか、いや成功していたのだとかと紛糾する事件がありました。研究者はバッシングを受けましたが、かのトーマス・エジソンに倣《なら》うなら、「某細胞をつくれない方法について発見した」のかもしれません。今後も失敗するとは限りません。

もしも本気で某細胞を発見したいのであれば、今回の結果でめげることなく、研究を続けていってもらいたいものです。そして実験が成功するか、成功していたことが証明できるならば、堂々と真実を明るみに出していただきたいものです。

私たちの人生は、誰のための人生でしょうか？

私たちは、生涯をかけて自分というものを見極めるために、挑戦と実験を繰り返しているようなものです。成功か失敗か、どちらに転ぼうとも、それは貴重な実験結果です。自分の中の多様な一側面を発見するプロセスの連続であることに変わりがありません。私たちは、「結果」に意識を向けつつも、「失敗」を恐れることなく、果敢にチャレンジしていくべきです。

だからこそ「成功への執着」は、即刻手放して、行動に集中するべきなのです。

「苦手な分野を克服しよう」を手放す

苦手なものを克服しなければならない、という思いを手放してみましょう。

私たちは、苦手なことは克服しなければならないと教え込まれてきました。

中学校や高校の三者面談などで、先生は保護者に向かって、生徒の苦手科目の克服についてアドバイスをします。得意なところは放っておいても構わないが、苦手なところこそ注目して改善するのが点数アップの近道だ、と。

ある学習塾のテレビCMでも、その塾は、「自分の弱点がわかるから良い」という生徒の声を紹介していました。

このような観念がすり込まれているので、大人になってもつい「苦手なものは放っておいてはいけない。克服しなきゃ……」と考えてしまいます。これがくせ者です。

いっそ「苦手な分野を克服しよう」という考えは手放してしまいましょう。

苦手な分野は、まず「自分は苦手である」と認めてしまうことです。次に、「その苦手分野を頑張って成し遂げよう」という思いを手放します。本来、あなたが苦手な分野をやる必要はないと考えてみます。


何の制約もなかったら、本当は何をどうしたいですか？

あなたが好きで得意な分野で、実力以上の能力を発揮したくはありませんか？

あなたが好きで得意なことがみんなの役に立つなら、あなたはどんな気持ちになるでしょうか？

果たしてあなたは、苦手な分野で成功することを求められているのでしょうか？


想像してみてください。

南極の風景です。酷寒の中、男がペンギンに向かって何か話しかけています。耳を澄ますとこんな声が聞こえます。

「日本語を話せ！」

何度も何度も、男がペンギンに向かって話しかけている姿。

ペンギンは、その言葉が命令であることも気にせず、海に潜ってしまいました。滑稽《こっけい》であり、異常な光景ですよね。

ペンギンは酷寒の地に生息していますが、日本語を話せるなどとも言われていませんし、苦手な日本語を話せるように努力もしていません。ペンギンにはペンギンが得意なことがあるのです。

同じように、あなたは南極に住んで、自ら海中に潜って魚をとって食べることは求められていません。なぜなら、あなたは一人の人間であって、ペンギンではないからです。

苦手な分野でのあなたの活躍を望んでいる人がいるのでしょうか。もしもいたとしても、それに応える必要があるのでしょうか。

むしろ、あなたが苦手であっても、ほかの人のほうがその分野は得意かもしれません。そういう仕事は得意な人に任せれば良いのです。

あなたは、あなたの好きで得意な分野でもっと大きな活躍ができるはずです。苦手分野をどうにかするよりも、好きなこと、得意なことで強みを伸ばしましょう。

「自分が頑張りさえすれば……」を手放す

鳥は、羽ばたいて空を飛びますが、空がなければ飛べません。イルカは、全身を使って泳ぎますが、海がなければ泳げません。

それと同じように、私たちは社会に出て、自分一人で頑張ろうと思っても、社会や組織、取引先、お客様などがいなければ活躍できません。

私たちが、ついつい自分一人で頑張ろうとしてしまいます。その意識で成果が上がることもあるでしょう。

しかし、どこかで頭打ちになったり、つまづいたりします。そのときには、「自分一人で頑張る」という思いを手放しましょう。

私たちが一人でできることなどたかが知れています。仕事はとくに、他人との連携、協力、協働、共鳴がなければ成立しません。

知恵が足りなければ、誰かに借りればいいのです。資金がなければ、出資してくれる人を探しましょう。機械やシステムで代行できることがあれば利用しましょう。「自分一人」という殻を破り捨てて、世界を味方につけて進んでいきましょう。

そして、うまくいっているときであっても、人は一人で生きているわけではありません。

自分一人よりも大きな力を発揮するために、ほかの人に協力したり、コラボレーションをしたりして、助け合っていきましょう。常日頃から、自分一人でやろうとしなければ、一人で行き詰まることはありません。

一人よりも二人。家族もそうです。プロジェクトもそうです。はなから、誰かと手を組んで始めていけば、必ず大きなことができるのです。

第4章

行動を阻害する「感情」を手放す

（心・感情編）

「すべて失うかもしれない」を手放す

手放したらすべて失うのではないか、と不安に思うかもしれません。しかし、手放してもやることはたくさんあります。

一度につかめる量はとても少なく、小さなものです。つかんだ両手の周囲に広がる空間は無限大の宇宙にまでつながります。宇宙はつかめません。私たちがつかんでいないもののほうが無限にあります。どうして、宇宙ほど無限に大きなものを無視して、つかんだものに執着するのでしょうか。

つかんだものを手放して、別のものをつかめば、たくさんのものをつかめます。

だから「手放す」のです。

成功者とは「手放す」のがうまい人です。

成功の経験を手放し、失敗の恐怖を手放し、不安を手放し、相応《ふさわ》しくない人間関係を手放します。

私たちが不自由を感じ、制約にしばられるのは、私たちが制約を手放さずにしがみついているからかもしれません。本当はいつだって手放す自由を持っているのです。

テレビや映画などで活躍している、ある女優さんとお話ししたところ、「女優というものは一つひとつの作品を手がけるたびに、それまでの成功を手放していかないとやっていけない。かつての当たり役にしがみついて、自己模倣を始めたら女優生命はそこで終わり、お客様に飽きられてしまう。どんどん手放さなければ女優はやっていけない」とおっしゃっていました。

手放すと、自由度が上がります。 より自由で幅広い視野から選択肢を見つけることができます。手放すからこそ、人の力、モノの力、お金の力、知識・情報、スキル・ノウハウ、その他あらゆる力を利用しやすくなります。

手放すことで自由を獲得し、制限のない可能性を楽しむ生活と、何かにしがみついて不自由で制限だらけの生活とを比べたらどちらが魅力的ですか。

失うものは何もありません。「すべて失うかもしれない」を手放しましょう。

「他人基準の幸せ」を手放す

「幸福な家庭はどれも似たものだが、
不幸な家庭はいずれもそれぞれに不幸なものである」

ロシアの文豪トルストイ作『アンナ・カレーニナ』の冒頭の言葉です。
幸福と違って不幸の形は様々だ、と言うのですが、実際には「何が幸福と感じるか」も人それぞれであり、一様ではありません。

お金持ちになりたい人、家族と楽しい時間を過ごしたい人、仕事で成功したい人、みんな微妙に異なります。もしも他人が幸せだと思うものを自分の幸せだと勘違いしていたら、それを達成しても幸せにはなれません。「他人基準の幸せ」は手放しましょう。

では、自分基準の幸せとは何でしょうか。誰にも共通する幸せになるための条件は、心理学者のアルフレッド・アドラーが「共同体感覚」という言葉で表現しています。

「共同体感覚」という言葉を、コーチングの師匠である平本あきおさんは、かみ砕いて3つの条件として教えてくれました。

1. 自分が好き（自己受容）
2. 他人は信頼できる（他者信頼）
3. 人の役に立っている（貢献感）

この3つの条件が満たされないと、人は本当には幸せを実感できないのだというのです。この幸福の3条件を満たすようなやり方を模索しながら挑戦していけば、必ず幸せをつかむことができます。

100歳を超えてなお講演や執筆活動を元気にこなし、105歳で長寿をまっとうされた医学博士の日野原重明聖路加国際病院名誉院長は、ある講演会で「長生きの秘訣は人のために生きること」とおっしゃっていたそうです。

これは、3つの条件の中の「貢献感」です。

「貢献感」を重視して、「人のために生きる」と言いつつも、「自分のことはどうでも良い」とか「自分は度外視」という態度では、やがて疲弊してしまいます。

また「他者信頼」が欠けていて「他人は信用できないけれど、自分には誠実でありたい。だからとにかく人に貢献する。人から騙されても構わない」というのも、かなり無理があります。心のどこかで寂しさを感じるに違いありません。

「人のために生き」ながらも、十分に自分が好きであること。そして、他人を信頼していければ、幸福感が得られるはずです。

幸福を感じるための3つの条件は、なかなか含蓄があり、探究していくと面白いです。「金か愛か」とか「成功か失敗か」などという誰かが考えて押しつけられたような「他人基準の幸せ」はこの際、手放してしまいましょう。

その代わり、「自分基準の幸せ」を探しましょう。先の3つの条件を満たしながら、なおかつ自分らしく生きていける基準を探究してみてください。

「行動を制限する信念」を手放す

私たちは幼少から様々な信念を身につけ、多くのことを学習してきました。中には、当時としては重要であったけれど、今では不必要になった信念もあります。

たとえば、誰でも子ども時代には、火に近づいて「危ない！」と叱責《しっせき》されたことがあると思います。

そのときに、人は「火に近づいてはいけない」という信念を形成します。この信念がいつまでも残っていると、大人になっても火を扱うのが怖いと感じてしまいます。

頭では怖くないとわかっていても、信念が行動に制限をかけているのです。

これ以外にも、

・勝手なことをしてはいけない

・集団の秩序を乱してはいけない
・目立ちすぎると叩かれる
・失敗してはならない
・他人の言うことを聞かなければならない
・個人的な意見は言うべきではない

など、ある特定の場面においては有効な観念が、人生を通じて守らなければならない信念にまでなってしまうと、あらゆる場面で自分の行動を制限してしまいます。

もちろん、現在でも有効で、生きやすくなる信念もあります。同じ信念でも、自分を制限することもあれば、自分を後押しする場合もあります。

制限にもなればサポートにもなり得るので、信念をすべて破壊する必要はありませんが、「行動を制限する信念」は手放していきましょう。


まず、A4かA3サイズの白紙を用意してください。紙を横置きにしてから用紙

行動を制限するブロックの外し方

用意するもの
・Ａ４もしくはＡ３用紙
・ペン（黒）

①横置きにして、３等分になるよう縦に２本の区切り線を入れる

②真ん中に行動を制限している信念を書き出す。「～しなければいけない」など

③左側にその信念が苦しみをもたらす負の要素を書き出す

④右側に信念が自分を守ったりする正の要素を書き出す

⑤不要な信念を線を引いて消し、必要なものだけ残し、別紙に書き直す

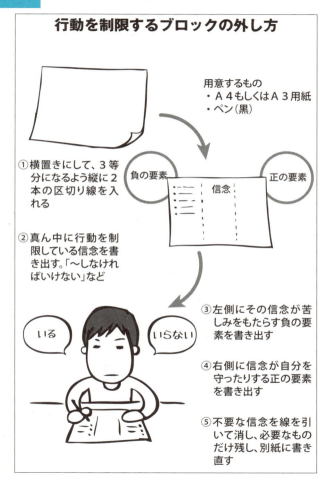

が3等分になるように、縦に2本の線を引きます。真ん中の列に、自分を制限する信念を書き出してみます。

その両側の列を使って、一つひとつの信念について、2通りの要素を書き出していきましょう。

左側には、その信念が苦しみをもたらす負の要素。

右側には、その信念が自分を守ったり助けたりする正の要素。

思いつく信念をすべて書き出し、その負と正の要素を十分に書き出せたら、もう今となっては不要な信念や不要な要素は線を引いて消してしまいましょう。あらためて今でも大事にしたい信念は、別の紙にきれいに書き写すなり、パソコンで入力するなりしてきちんととっておきましょう。

「小さな恐怖」を手放す

行動したいと思っているのに、動けない。

面倒くさいとか、億劫だとか理由をつけているが、心の奥のどこかで「小さな恐怖」を感じてしまい、行動できないことがあります。

この「小さな恐怖」は手放してしまいましょう。「小さな恐怖」の中にある構造を知り、原因となった体験を思い出すだけで手放せます。まず、恐怖の構造から見ていきましょう。

恐怖は、動物が危険の兆候を察知し、避けたり挑んだりするための生理的な能力であると同時に、生き延びるための知恵でもあります。人間のように言語で学ぶことができなくとも、体が震えたり、恐れおののいたりすることで、同じような事態が発生したときに未然に自己を防衛することができます。

脳科学の本によると、「脳にある扁桃体が危険の兆候を察知すると恐怖が生じ、逃避や攻撃を余儀なくさせると同時に、記憶に植え付けられる」のだそうです。

失敗したり、叱責を受けたり、恥をかいたりした体験があったとします。

これらの体験は二度と味わいたくないと感じ、恐怖の原因として記憶されます。すると、同じような状況が発生したり、発生が予想されたりすると恐怖を感じ、動けなくなるというわけです。

たとえば、「期限に遅れる恐怖」「計算を間違える恐怖」「約束を忘れる恐怖」「嫌われる恐怖」など、「小さな恐怖」は誰にでもあります。

こういった「小さな恐怖」は、それを手放す意図を持つことから始め、原体験となった出来事の状況をもう一度体験し、あらゆる角度から吟味してみると、恐怖を手放すことができます。

まずは、実際にその恐怖が現実になったときのことを想像して、そこから思い浮かぶことをすべて紙に書き出してみましょう。

言葉でも、絵でも構いません。その恐怖から思い起こされるものをありったけ書き出してください。

次に、その紙を眺めてみましょう。客観的に、通りすがりの誰かになったつもりでその紙を眺めてみます。客観的に見たら馬鹿馬鹿しく感じることが多いので、できれば、笑い飛ばしてみましょう。

こうしてとらえ直すだけで、「小さな恐怖」は手放すことができます。

「仕事を失う不安」を手放す

「もしも下手なことをしたら、『できない奴』と思われて、仕事を失うんじゃないか」「二度と這い上がれないんじゃないか」と考え、動けなくなる方もいるかもしれません。

もちろん、暮らしを支える仕事を失うのは困ります。そう考えて慎重になるだけでなく、行動しなくなってしまうのはもっと困ります。

仕事を失う不安に輪をかけて、停滞と堂々巡りの悪循環に陥ってしまうのです。不安になる気持ちもわかります。ただ、不安にとらわれるということは、不安にフォーカス（焦点）を当て続けるということで、ネガティブな心の状態を維持してしまいます。

思い切って「仕事を失う不安」を手放しましょう。

その方法は、**フォーカスを「不安」から「ありたい姿」に移してしまうことです。**

今、仕事に就いているのであれば、

1．まず、仕事に就いて「楽しかったこと」「充実していたこと」「学べたこと」を思い出しましょう
2．次に、その仕事の仲間たちを思い出して、「楽しかったこと」「助かったこと」「出会えて良かったこと」を探しましょう
3．そして、今の仕事に就いていることの良さ、ありがたさを書き出しましょう
4．さらに、今後どんな仕事をしていきたいのか、最高に充実した仕事はどんな仕事か、ありありと思い描いてみましょう
5．もしも、今仕事に就けていないならば、同じく、どんな職場で、どんな仲間とどんな働き方をしたいのか、ありありと思い描いてみましょう

「不安」になっていても物事は好転しません。職を失う以前に、時代の変化にともなって職種そのものがなくなってしまうことだってあります。

大前研一さんは著書『稼ぐ力』（小学館）の中で、次のように書いています。

「従来の仕事がなくなるなら、それに代わってこれから必要とされる仕事を見いだし、自分で仕事を創っていく……そういう発想こそが求められているのである」

私は以前、現地企業を見学するためにタイを訪れたことがあります。バンコクの町中を歩いていると、歩道の片隅に小さな屋台（露天商）を営む人たちがいました。彼らは、車道に面した金の販売店（華僑の方が経営する金を扱う店）などの軒先の50センチ四方のスペースに机を出して、焼き鳥などを売っていました。聞けば、彼らは公務員で、その給料だけでは足りないので、焼き鳥を売っているとのことでした。

私たちが、仕事をしようとするときには、雇ってくれる会社を探してしまいます。もしも自分でお店をやるかどうかと聞かれたら、

「店舗を出すお金がない」

「仕入れルートがない」

「売れるかどうかわからない」

「きっと失敗するに決まっている」

などと尻込みしてしまうかもしれません。

しかし、タイの人たちはそんなことを考えません。売れる物があれば、売る。どこでもやる。とにかく生活する。家族を支える。

シンプルに、一直線に行動しているに違いありません。

日本では衛生管理上、様々な規制もあるので、タイ人と同じように行動することはできませんが、世界を見渡してみれば、収入を得るためにできることは、いくらでもあります。もっと自由に発想すれば、なんとでも生きていくことができます。

豊かになった反面、規則ずくめで、チャレンジをしないのが当たり前になってしまった私たちの思考回路は、もっと柔軟になってもいいのではないでしょうか。

不安にとらわれても良いことはありません。だからこそ思い切って「仕事を失う不安」を手放しましょう。むしろ仕事を想像し、創造するモードに自分をシフトさせてしまいましょう。

「お金の不安」を手放す

「仕事を失う不安」と並ぶのが「お金の不安」です。

お金の不安には大きく分けて3つあります。

・お金を失うかもしれない（喪失の不安）
・蓄えたお金が減っていくかもしれない（減少の不安）
・いざというときにお金がなくなり支払えないかもしれない（欠乏の不安）

予測のつかない未来についての不安であることが共通しています。未来は未確定の現実ですから、不安に焦点を当て続けても解消されません。

いっそ思い切って「お金の不安」は手放してしまいましょう。

未確定なのですから、「不安」だけでなく「可能性」もあるはずです。

・お金を獲得することもできる（獲得の可能性）
・増やすこともできる（増加の可能性）
・余らせることもできる（余剰の可能性）

この3つの「お金の可能性」に目を向けましょう。

「お金の不安」をぬぐい去り、「お金の可能性」に目を開かせてくれ、「お金持ちになる」ための方法を示してくれる良い本も多数出ています。

たとえばビジネスブックマラソンという書評メルマガの発行者であるエリエス・ブック・コンサルティング代表の土井英司さんが責任編集された『お金持ち入門 資産1億円を築く教科書』（実業之日本社）があります。

この中で、土井氏は「われわれが目的とするのは、人生の満足の最大化や社会への貢献であって、お金を増やすことではありません」とし、貯蓄よりも大事なことがあることを指摘しています。この本の中では「人生の満足の最大化や社会への貢献」を目的としてお金の不安を解消するための考え方がたくさん紹介されています。

漠然とした「お金の不安」を抱えているくらいなら、「お金が入ってくる仕組み」を学び、「お金よりも大切なもの」に目を向けましょう。

本やセミナーを通じて「お金」について学べば、「お金の不安」は簡単に手放すことができるでしょう。

「将来の不安」を手放す

将来とは、将《まさ》に来たるべき時であり、やがて来る世界。未来とは未だ来ざる世界。未だ来ないのですから、わからないのは当たり前です。

不安とは、安定や固定の反対です。だからこそ、いつでも変化できます。不安定であることは、サバイバルのためにも不可欠な要素です。

不安感に悩まされるという方は、くよくよ悩むばかりで堂々巡りをしています。堂々巡りとは行動につながらない思考を延々と続けている状態。だから悩んでしまうのです。

行動につながらなければ、いくら考えても何も変わりません。

「将来の不安」は、手放してしまいましょう。

「不安」を感じたら手放し、「不安」を居座らせないようにしましょう。

そのためには、「将来何が起こるのだろうか？」という予想だけで終わらせないことが重要です。
「予想」とは、結果が出る前に環境の変化に対応すべく「備える」ための行為です。「予想」をするだけで、「備える」ことをしないと、「不安」がむくむくと頭をもたげてきます。

対策は簡単。生き方を自分で選び、つかむこと。積極的に生きるということです。
「将来、どんなことをしようか。将来、どんな暮らしをしようか」と未来の現実を「想像＝創造」してください。「想像＝創造」すれば、具体的な行動の選択肢が生まれてきます。

環境の変化に対応するというよりも、自分と環境を変化させることを考えてみてください。この態度をとるだけで、将来の不安から解放されます。

人生に対して、単純に受け身ではいけません。
もちろん、予測もしないことが起こることでしょう。しかしそれらの半分以上は、誰かが「想像＝創造した現実」です。あなたがあなた自身の将来を想像＝創造しないで、誰が想像＝創造するというのでしょうか。

あなたは「あなたの人生の主人公」です。

だから、「今年はどんな年になるだろう？」と思わずに、「どんな年にしようか？」と考えてワクワクしてください。

「もったいない」を手放す

日本文化にはたくさんの美徳があります。「もったいない」も国際語になるほど、他国文化には見られない思考習慣です。しかし、あまりにも「もったいない」にとらわれると、行動を萎縮させることになります。

たとえば、企業でコピー用紙の裏を再利用したり、事務用品費をカットしたり、蛍光灯の数を減らしたりする施策は、気分を下げ、士気も下げ、かえって業績を停滞させる、と言う人もいます。個人も同様に、「もったいない」とばかり考えて行動が萎縮してしまうと、ますますネガティブな結果を招くことになります。

とくに、学びや成長に関することについては、「もったいない」という感情自体を手放してしまいましょう。

たとえば、一冊の本を買うのに躊躇《ちゅうちょ》してしまう人がいます。

「果たして、この本からメリットを得られるだろうか」

「千数百円出して、もとが取れるだろうか」

と考えて、「経費削減」と「学びと成長」とを天秤にかけてしまうのです。

私に言わせれば、本を購入し、いち早く読んで、人生と仕事に活かせるならば、本の費用対効果はべらぼうに高いものです。本の費用について「もったいない」などと考える必要はありません。

セミナーや学び、コーチングなども同じです。その費用でもとが取れるのだろうかと考えたり、「もったいない」と思って学ばなかったりすれば何も変わりません。むしろおおいに学んで活かしましょう。コストを削減したところで人生は好転しないのです。

人生に変化を起こし、好転させたいと思うならば、まず学びや成長に関することについての「もったいない」という考えから手放しましょう。

あなたが学び、経験するものは、すべてあなたの栄養となって、あなたの人生を飛躍的に改善するものとなるのです。

「○○しなきゃ……」を手放す

行動、行動、と言われ続けていると、いつの間にか、行動できていないだけで不安になってしまいます。

「何かしなきゃと思って、数十万円もする英会話教材を買ってしまったが、何年もそれで勉強していない」

「何かしなきゃと思って、ある資格試験対策の講座に申し込んだが、やる気が続かず、途中から講座を欠席するようになってしまった」

行動できなくて自己嫌悪に陥り「何かしなきゃ、行動しなきゃ」という焦燥感に苦しめられている方も多いのではないでしょうか。

行動がすべてを変えるのは事実なのですが、その前に「どう変えたいのか」「本当はどうありたいのか」を明確にすることが何より大事なのです。

「何かしなきゃ、行動しなきゃ」という焦燥感が湧き起こってきたら、手放してしまいましょう。

焦る必要はありません。誰かがあなたに焦るように命令していますか？

焦ったら何か良いことが起こるでしょうか？

焦りが生じてきたときには、より根本的な自分の夢や希望、志、本当にありたい姿など、人生の方向性に意識を向けるのです。

たとえば、深呼吸をして「心躍る未来像」を思い描いてみましょう。夢のような暮らし、最高のライフスタイル、心からくつろげる風景、思いっ切りはじけている場面など、まるでそこにいて体験しているかのように思い浮かべてみるのです。

その夢のような世界に心が躍るようであれば、その場面の何が大事で、何が気持ち良くて、どうして好きなのかを考えてみてください。それが、あなたの価値観をあらわしているのです。その価値観を満たすためにできることは何だろうか？　と考えながら、まずは、今できる小さな行動を見つけてみましょう。

すぐにできる小さな行動を見つけることができたら、そこではじめて行動の一歩を踏み出せば良いのです。

やみくもに、焦燥感に駆られて、無意味な行動をするよりも、いったん立ち止まって本当はどうありたいのかを見つめてみることをオススメします。

「何かしなきゃ、行動しなきゃ」ではなく、「心からやりたいからやる！」で行動していきましょう。

第5章

人生の質を下げる「モノ・人間関係」を手放す（モノ・対人関係編）

「面倒くさい人」「嫌いな人」「疲れる人」との人間関係を手放す

「人生の悩みのすべては人間関係の悩みである」

というのが心理学者アルフレッド・アドラーの教えです。

確かに、「部門間の連携がうまくいかない」とか「部下が成果を上げず部門の成績がガタ落ちである」とか「新しい企画が出てこない」などということまで、企業内の問題の多くは人間関係に起因していることがあります。

個人においても、人間関係が原因で仕事が面白くなくなったり、やる気がなくなったりします。

人間関係が重荷になるのであれば、一度整理してみることをオススメします。

日々生活していく中で、知り合いはどんどん増えていきます。とくに最近では、フェイスブックなどのSNSを通じて、かつては考えられないくらいのスピードで知り合いを増やしている方も多いことと思います。

一度、自分の交友範囲を整理してみるといいでしょう。

まず、何も見ないで、友人の名前を付箋《ふせん》に書き出してみましょう。

すぐに思い出せる人、顔はわかるが名前を思い出せない人など、いろいろいると思います。また、普段はやりとりしていないのに、すぐに思い出せる人、お世話になった人などもいるはずです。

書き出したら、大きな紙に付箋を貼り直して、分類してみましょう。自分にとっての距離や関係性、どんなつきあい方がいいのか、考えることができます。

最近では年賀状を出す相手が減っているかもしれませんが、中には、年賀状を出したほうがいい知人・友人がいるかもしれません。メールのほうがいい人、もっと会ったほうがいい人、仕事のアイディアを語り合いたい人など様々あるはずです。

これは、連絡帳の見直しにもつながります。

最近は検索機能が充実しているので、特段、連絡帳の整理は必要ないかもしれません。しかし、目的を持って多くの人に連絡をしようとなったら、連絡帳としてまとめていないと、一人ひとりいちいち探して連絡するしかありません。

そこで、これまでに整理してきた人のリストをゼロからつくっていきましょう。自動的に集まってきた連絡先を、一度主体的に整理して、あらたに連絡先リストをつくるのです。エクセルやメール送信や手紙の宛先などに対応するソフトを使うと便利です。

ずっと会っていなかったけど、本当は会いたかった人がいれば、すぐに連絡を取ってみましょう。

すでに連絡先がわからなくなっていたとしたら、その人の連絡先を知っていそうな人に連絡を取ってみましょう。思い立ったときに連絡をしないと、もう一生会えないかもしれません。

会いたいと思った自分の気持ちに素直に従い、どうしたら会えるかを考えて、まず会ってみましょう。

本当に会いたい人に会い続けていけば、そうでない人と会っている時間はなくなります。次第に「面倒くさい人」「嫌いな人」「疲れる人」との人間関係が減っていき、いつの間にか手放すことができるはずです。

「人脈へのとらわれ」を手放す

何かを始めようと思ったり、新しく仕事を担当したりしたときに、これまでの人脈の中に、その仕事の助けとなるような人が見当たらないと感じることがあります。

そこで不安になって「人脈がないから、うまくいきっこない」などと決めつけないでください。

その思い込みを手放しましょう。

やり方はいくらでもあります。

やりたいことが明確であれば、どんな人に会わなければならないかも明確になるはずです。まずは手近なところから、既存の取引先の中に関連する情報を持っている企業を探したり、知人を通じて人脈を広げることもできるのです。

前項では付箋を使って、既存の友人・知人の中で本当につきあいたい人がわかりました。今回はその延長上で、今まで知り合いではなかったけれども、これから会いたい人も付箋に書き出してみましょう。制限をつけずに書き出します。

- ある分野において最先端の研究をしている人
- 最先端技術を持った会社
- 特定のマーケットシェアがナンバーワンの流通事業者

など、具体的にどんな人・企業に出会いたいのかを明確にします。

私なら、歌手のクリスティーナ・アギレラさんに会いたいです。そしてコーチングで彼女の才能をもっと引き出し、音楽の最先端をさらに切り拓くお手伝いをしてみたいです。

私がこのように言うのは、アギレラさんのように、才能を発揮して世界的に活躍したいと思っている人に出会いたいと考えているからです。アギレラさん本人はもちろんのこと、才能を発揮して世界的に活躍したい人であれば、全力で応援したいと思っています。

人とは偶然に知り合うものだ、という思い込みがありませんか？

本当は会って話をしたいのに、「どうせ無理だ」「知り合いになれるわけない」などと思っているなら、その思い込みを手放しましょう。

今では会いたいと思った人と会うことは、比較的簡単になっています。SNSなどを活用すれば、直接顔を合わせることができなかったとしても、メッセージのやりとりをすることはできます。

あなたの人間関係は、あなた自身がつくっているのです。

もしも、あなたが自分の人間関係を主体的につくれるのだと本気で思うことができたら、あなたの人生は激変します。人に会えないというのは一つの思い込みです。本気で会いたいと思い、会うために本気で行動できるならば、会えない人はいないでしょう。

私自身、世界で活躍するミュージシャンやミャンマーのアーティストに会いたいと思っていたら、実際に会えたり、予想もしていないタイミングでコンサートが見られたり、その人の知人と知り合いになったりする体験をしています。

また、自分のためでなく、他人のためだと、制約が外れて楽に動くことができます。

かつて労働組合の役員をしていたとき、私は常に組合主催セミナーの講師に相応しい方を探していました。

ビジネス書の著者や講演家の方にはとくに注目し、積極的に講演会に参加して名刺交換をしたり、ホームページから連絡を取ったりしました。組合のためだと思うからこそ積極的に動けたのだと思います。

その結果、様々な方と知遇を得ることができました。

本当は、他人のためであろうと、自分のためであろうとお構いなしに、「会いたい」と強く願えば「会える」のです。

「自分には人脈がない」などという思い込みは手放してしまいましょう。

「数ある連絡ツール」を手放す

今の時代は連絡ツールがたくさんあります。

以前であれば、デスクの電話とメールチェックだけで、すべて済んだものが、携帯電話、Ｗｅｂメール、ＬＩＮＥ、社内ＳＮＳ、メッセンジャーアプリ、チャットアプリなど、様々な情報チャネルでやりとりをしなければなりません。

便利になった反面、むしろやるべきタスクは増えているよう感じるかもしれません。

この「数ある連絡ツール」も手放してみましょう。

すべて手放すことは難しいでしょうが、できるかぎり絞ったほうが、仕事の質もスピードも上がります。何よりも、あれもこれもチェックしなければいけないという状態から解放されるため、快適に仕事ができます。

社内ＳＮＳなどのツールは、手放せないかもしれませんが、そのほかは常日頃から「私はメールでしかしません。フェイスブックやLINEでは、メッセージを送らないでください」と言っておけば、周りの人も送ってこなくなります。

たくさんの連絡ツールを手放し、できれば一つか二つ、たとえば電話とメールなどに絞りましょう。

また、なんならメールを手放すのもときにはいいでしょう。完全に手放すのが難しければ、できるだけ電話や対面で話すことにしてみるのです。

メールや文字のやりとりは、事務的な情報を扱うのに向いていますが、誤解も生まれやすいものです。

「どうなっているんですか?」という一言も、受け手にどうとられるかわかりません。非難としてとられたり、怒っているととられたりする可能性があり、感情的な対立を誘発しやすいのです。

感情のやりとりに向いているのは、対面もしくは電話で話すことです。レスポンスがその場でできるので、誤解を防げます。

数ある連絡ツールを手放し、限られたチャネルでの連絡に集中してみましょう。

「煩《わずら》わしい飲み会」を手放す

仕事を終えてからの夜の時間。歓送迎会、新年会、忘年会、決起大会、懇親会など、いろいろつきあいはあるものです。

「飲みニケーション」という言葉がありますが、私も大好きで、飲み会があるから人間関係が円滑になるのだと思っているところもあります。しかし、人によっては、たくさんの飲み会に出すぎの人もいることでしょう。何でもほどほどが良いものです。

飲み会を主催しているならいざ知らず、誘われた飲み会を、すべて参加していくと、どんどんプライベートの時間が埋まっていってしまいます。プライベートの時間は、比較的あなたの自由になる時間です。この時間を、他律的に支配されて良いのでしょうか。

積極的に参加したい飲み会もあれば、義理で仕方なく参加する飲み会もあることでしょう。

そこで、すでに予定に入っている飲み会も、いったんキャンセルしたと思って1カ月の予定を眺めてみてください。一切飲み会がない1カ月を構想してみるのです。

そして、できれば一度、すべての飲み会をキャンセルしてみてください。断る言い訳は何でも構いません。そして、この作業に取り組むのです。


1カ月すべての夜が自由時間になったとしたら、何をしますか?


週に3回飲んでいたとしたら、1カ月で12回×2~3時間。24~36時間も自由になりました。

あなたは、こんなまとまった時間を何に使いますか?

映画なら、12本以上観ることができます。毎日英語を勉強したら、文法を一通り復習できるかもしれません。スカイプ英会話を毎日やって、その会話を復習してもまだ時間が余ります。

毎日別の本を読んだら何冊読めるでしょうか。

短編小説を書いてしまうことや、絵やイラストを描き上げることだってできるでしょう。楽器の練習、歌の練習、試験の勉強、何でもできる気になってきませんか。

家族との団欒《だんらん》や夫婦や、恋人同士の会話を楽しんだり、親子で会話したりする時間にすることもできます。

本来は、あなたが自由に使える時間だったのです。いつの間にか、様々なしがらみから予定が入ってしまいました。しかし、すでにすべてキャンセルしてしまいました。自由に使うことができるのです。

あらためて、スケジュール帳を取り出して、やりたいことを書き入れてください。それでもやはり参加すべきだと思った飲み会があったら、それだけはあらためてスケジュール帳に書き込んでください。

飲み会は一つの例です。すべての予定を同じように考えてみてください。実は、あなたの一日、あなたの一週間、あなたの一カ月、あなたの一年、あなたの一生は、誰のものでもなく、あなたのものなのです。あなたの決定によって、予定が埋められていくのです。

「苦手な人に対する思い」を手放す

「顔を見るのも嫌だ！」

「あることから関係がこじれて、それ以来ぎくしゃくしている」

「いつも不機嫌で、すぐ怒り出すので、恐怖を感じる」

「話がかみ合わないのでどうも苦手だ」


世の中にはいろいろな人がいます。同じ組織の中や、取引のある関係者の中にも様々な人がいます。中には、どうしても合わない人、苦手な人もいるでしょう。誰だってそうです。

もしも自分は誰とでも楽しく過ごせるという人がいるとしたら、その人は恵まれていて、身の回りに良い人ばかりがいるとか、気の合う人とだけつきあっていられる人なのでしょう。

苦手な人にもいい顔をしようとするのは疲れるだけです。そんな人間関係は手放しましょう。

そのための方法は、まずは、いい人になろうとしないことです。その思いを手放すのです。そして、できれば、その人に対する嫌な思いも手放しましょう。嫌いな思いや苦手だと感じる思いを手放して、その代わりに、その人とつきあっている大目的に意識を向けるのです。

たとえば、互いにプロジェクトチームの一員でしたら、プロジェクトの目的を思い出すのです。取引先の担当者であれば、その取引先とどのような取引をすることが大目的なのでしょうか。苦手な人が上司であるならば、その上司と同じ部門で何を達成すべく日々の仕事をしているのか、ということなどです。

苦手な人への思いから、大目的へと意識を変えるのです。

そうやってみても、どうしても苦手意識が払拭できないときは、とことん苦手な気持ちに向き合いましょう。何が嫌なのか、何が怖いのか、何が苦手なのかを思いつく限り紙に書き出しましょう。とことん、出尽くすまで書き出します。

もうこれ以上ないというところまで書いたら、全体を見渡してください。あなたの気持ちはすべて表現されたでしょうか。そうしたら、その紙を脇に置いて、次の作業に移りましょう。

今度は、そこまで嫌な点を書いたものの、よくよく探せばあるその人の良いところ、学べるところ、魅力などを思いつく限り書き出してみてください。思いつかないとしても、小さなことでもいいからどんどん書き出します。

この好きな点、良い点と、先ほど書いた嫌いな点、苦手な点を見比べてみてください。そして、あらためて、この人と自分はどんな関係を結びたいのかを考えてみてください。どんな大目的のためにこの人と関係を持っているのかを確認しましょう。それが見えてきたら、そのためにできることを探しましょう。

何をしたら、大目的が達成され、なおかつ良好な関係がつくれるのかを考えるのです。それが明確になったら、そのために今日明日中にできる小さな行動を決めてください。

その小さな行動をすることで、あなたの理想的で良好な関係をその人と結ぶこともできるようになるでしょう。

「悪い習慣」を手放す

「無くて七癖、有って四十八癖」という諺があります。

ここでいう癖は習慣や生活の傾向のこと。悪い習慣（悪癖）や欠点はないように見えても7つくらいあり、他人が気づくほどある場合は、48個もあるという意味です。つまり、誰にも悪い習慣はあるということです。

- 浪費癖
- 先延ばし癖
- サボり癖
- 遅刻癖

人によって、どんな悪い習慣があるかわかりませんが、ご自身で「これは悪い習慣だ」「これはやめたい」と思うものがあるなら、それを手放してしまいましょう。

手放すにあたって、何が悪いのかを具体的に把握するとうまくいきます。とくに、金額や時間という計測可能なことを具体化してみると効果的です。

これまで続けた悪い習慣の時間とコストと影響を計算してみるのです。習慣化している浪費は、1カ月、1年、10年と積み重ねてみると、巨大な金額になって驚くかもしれません。同じ金額を別のものに費やしていたらもっと良かったのに、と思うでしょう。

たとえば、たばこを毎日1箱以上吸っている人が毎日450円払っているなら、1カ月で1万3500円。1年で16万2000円、10年で162万円です。

また、月に1～2回は余分な飲み会に参加していたとします。その費用が1カ月に1万円だとすれば、1年で12万円、10年で120万円です。

この金額をかみしめて、それだけの金額を何か別のことに振り向けられないかと考えてみます。より有効な使い道が見つかったら、これまでの悪い習慣を手放して、それに投資しましょう。

何が悪い習慣なのかは、自分の胸に聞いてみましょう。悪くないのであれば、ずっと続けてください。本当にやめたい習慣であるならば、その習慣に意識を向けず、手放して、もっと心からやりたい新しい習慣を始めてみましょう。

・新しい語学に挑戦する
・新しいスポーツを始める
・楽器を始める
・芸事（武道、詩歌、茶道、華道、書道、謡、吟詠など）を始める
・仕事に関する勉強を始める
・いつかやりたいと思っていたプロジェクトを構想する
・家族旅行の計画を立てる
・本気で休みをとって海外に出かける計画を立てる

新しい習慣を始めると、自分にとって無駄で、やめたいと思っていた習慣は手放せます。そして、浮いた時間やコストを積極的な投資に回すほうがいいのです。

「無意識に使ってしまう時間」を手放す

あまりに忙しく過ごしていると、無意識的に今の現状から逃げ出したくなり、何もせずにぼーっとする時間が増えていきます。

いかにも非生産的で、時間の浪費にあたることをやってしまうのです。たとえば、

・テレビをつけっぱなしにして、目的もなく見てしまう
・ネットサーフィンをし続けてしまう
・ネットのショッピングサイトで、取り立てて欲しくもなかった商品を調べてしまう
・コンビニでお菓子を買い込んで食べ続けてしまう
・寝酒と言いながら、一人で翌日に響くほどの深酒をしてしまう

ぼーっとすることは、前出のスティーブン・R・コヴィーの『7つの習慣』では、第4領域と呼ばれる「緊急でもないし、重要でもない」ことに分類されます。無駄だとわかっているのに、ついついやってしまうのはなぜでしょうか。

実は「ぼーっとする」行為には、目的があるのです。

「緊急かつ重要」なことばかりしていると、心身ともに疲れます。心も体も休めたいと感じるのは至極当たり前のことです。

私たちの体は常にバランスをとろうとします。体内に細菌やウィルスが侵入すれば免疫機能が発動し、熱を出したり、細菌を排除するために鼻水を出したりします。体が休養を求めていれば、頭では活動しようとしていてもだるくなって休まざるを得なくなったりもします。

また、心が休養を求めると、体調をおかしくしてまでも休もうとします。

私たちは、頭で理解していること以上のことを、体で理解しています。体の声を聴けるようになると、人生はスムーズになっていきます。

ぼーっとするときには、頭と心と体が、直近の経験を整理したがっているのです。

多忙を極める生活は、大量の情報を摂取してしまいます。その情報を整理する時間が欲しいというサインなのです。ぼーっとしている間に、頭と心は情報を整理します。

そのときに、また余計なことをしていると感じるのが、私たちです。「なんとなく、ぼーっとしたい」と心で感じたときこそ、頭と心の整理タイムが必要なのだと思ってください。そのためにはいくつか方法があります。

1. 眠る
2. 瞑想をする
3. 白紙のコピー用紙やノートなどにあらゆる思いを書き綴る
4. 軽い運動やストレッチ、柔軟体操などをする

この4つのいずれかをするようにすると、効果的にぼーっとすることができます。

1. 眠る

まず「眠る」。実は、睡眠そのものが、脳と体を休め、一日の情報と記憶を整理するためにあります。コンピュータのバッチ処理みたいですし、外勤から帰ってきた営業マンが事務処理をして営業日報を書くようなものです。

昼寝も良いですが、夜早くぐっすり眠るのが一番です。翌朝、快適に目覚めて、気掛かりなことは朝のうちに片づけてしまっても良いでしょう。

2. 瞑想をする

そうはいっても眠れないことも多いでしょう。一日の興奮と疲労が重なって、すぐに眠れない。そんなときは、瞑想をしてみてはいかがでしょうか。どうせぼーっとすることは、重要でも緊急でもないことです。やってもやらなくてもいいことしかできないのですから、ここはおおいに振り切って「瞑想」をしてみましょう。

3. 白紙のコピー用紙やノートなどにあらゆる思いを書き綴る

これは、いわば、書く瞑想です。

白紙のコピー用紙でも、ノートでも何でもいいから用意してください。そして、頭に浮かんだことをすべて書き出すのです。

「疲れた。鼻がかゆい。最近天気が良い。あの取引先との交渉が気にかかる。そういえば、親戚から連絡があったが何だったろうか。電話をかけ直そう。いや、メールで問い合わせよう。明日は……」

このように、支離滅裂で結構です。誰に見せる必要もない、自分の心をそのまま言葉にするだけです。これだけでもやってみると、スッキリします。気分もニュートラルに保つことができます。

4．軽い運動やストレッチ、柔軟体操などをする

とくに考えなくてもできるような軽い運動やストレッチ、柔軟体操などをするのも効果的です。

ストレッチなど、伸ばした部分に軽い痛みが走り、そこに意識が向くことで、悩みを一瞬忘れることができます。軽い運動は、動く瞑想にもなるのです。

ビジネスマンは誰もが体調管理を求められます。体調を崩せば、文句を言われることもあるでしょう。体調管理とは、合理的に肉体をねじ伏せるのではなく、体の

声に耳を傾けて、それに対応するのが最善のやり方です。

体調は、私たちの生活行動の結果に過ぎません。管理という意味では、体調も管理などできないのです。

管理できるのは自分の行動だけ。日々の軽い運動などを通じて、体と対話して、自分の行動を微調整していきましょう。

「SNS」を手放す

フェイスブックをはじめとして、今はSNSが発達し、それなしには生活できないと感じている人も増えてきています。

便利なことは便利なのですが、油断してしまうと生活のかなりの時間をSNSにとられたり、空き時間をすべて奪われたりします。

ほんの少し前までは、SNSなどありませんでした。人はSNSなどなくても生きてこられたのです。SNSがなければ何も始まらない、というのは思い込みに過ぎません。

私たちは、どこまで行っても「人」に関心を持ってしまう生き物です。SNSにおける、他人の行動にもついつい気を引かれてしまうのです。この状態はとても受動的なSNSの利用態度です。

もしも、SNSに費やす時間が長くて、もっと大事な行動がおろそかになっていると感じるのであれば、一度、「SNS」を手放して、能動的な態度を取り戻しましょう。

極端に、まったくSNSをやらない、と決めてしまうのも良いです。

仕事の関連や連絡ツールになってしまっていてアカウントは残しておかないといけない、という場合は、一日単位でSNSにアクセスしない日を設定しても良いでしょう。

あるいは、一日の中で、この時間はSNSにアクセスしないという予定をスケジューリングしてはいかがでしょうか。スケジュール帳に「No SNS time」と書き込んでブロックすることもできます。その時間帯に、ミーティングを入れたり、面談予定を入れたりすると自然にできます。

ポッと時間が空いたときなどは、これまでならすぐにSNSにアクセスしたかもしれませんが、その時点からたとえば3時間はSNSにアクセスしない、と決めてみて、有意義な時間を確保するというのも手です。

いずれにせよ、受動的にSNSにアクセスする習慣を手放しましょう。

SNSにはアクセスしないが、ついつい、検索語を入れて、ネットサーフィンしてしまうという方は、「ネットサーフィン」を手放しましょう。

これも受動的な検索に身をゆだねるのではなく、能動的に検索するようにしましょう。

まずは、調べたいことを決めてから検索をかけましょう。

調べたいことは、「調べたいノート」をつくって、記録をしていきましょう。そして「調べる」と決めた時間になったら片っ端から調べていくようにするのです。これは、受動的な検索ではなく、能動的な検索であり、調査です。

調べていくと芋づる式に、いろいろ検索したくなってくるようであれば、タイマーをかけて調べましょう。調査に費やす時間を決めてから検索をかけるのです。

あなたの時間は、あなたの思う通りに使えるのです。受動的な態度を習慣化してしまうと、あなたの時間がいつの間にか「他人の時間」になってしまいます。ぜひとも、あなたの時間を取り戻してください。

「セミナー、本、教材など」を手放す

学生時代のことを思い出してみてください。

試験勉強をしている最中とか、出さなければならないレポートを書いているときなどに、その課題に関係のない小説を読みたくなったり、音楽を聴きたくなったりしませんでしたか。ついついマンガに手を伸ばしたり、ビデオを見たくなったり。脳が活性化しているせいで、ほかのことにも気が散ってしまうのです。あるいは、集中するストレスから逃れるために、ほかのことに意識を向けたくなってしまうのです。

仕事をしていると、今度は勉強したり資格をとりたくなることがあります。それも同じようなことかもしれません。仕事に取り組み、神経が活発になってますます向上心が生まれたり、そのストレス状況からの逃避を願う心から、不安を解消するための学習意欲が向上したりします。

学ぶことで救われるのではないか、という思いが高まることもあります。学びたくなると興味をそそるのが、セミナーや本や教材です。学びたい内容の量と質が現在の自分にとって最適なら、何の問題もありません。しかし、不安に基づいて学習意欲が刺激された場合は、本当は必要のないセミナーを申し込んだり、本や教材を購入したりしてしまいます。

英語を学びたい人は、何冊の英語の教科書を買ったでしょうか。買ったけれどほとんど使わなかった英語教材などがいくつもあるという方もいるでしょう。

もしも、なんらかの不安に基づいて学習意欲が高まったのであれば、「セミナー、本、教材など」を手放してしまいましょう。

すべてなかったものとして、心を鎮めて自分に問いかけてみましょう。

今からでも本当に学びたいのか、学んでどうしたいのか、と。

今の時点で絶対に必要かというとそうでもないものがあります。一つひとつ判断していると、それだけで時間がとられます。また、かつての学びたかった気持ちが甦《よみがえ》ってきてしまうと、いつまでも手放すことができません。

セミナーを申し込めば、一定の時間が埋まっていきます。

本や教材は、それを読んだり取り組んだりする時間が占有されるとともに、収納する場所が占有されます。時間や空間が何かに占有されるとその分だけ自由が失われ、何か行動しようとするときの障害になるのです。

いっそのこと、ここ一年ほど手をつけていない本や教材は手放してみましょう。捨てるのが忍びなければ、他人に譲るとか、有料トランクルームに預けるとかしても良いでしょう。コストをかけてまでとっておきたいか自問自答してみると、意外にも捨てることができるかもしれません。

「夢と関係ないこと」を手放す

「夢を持て」「ビジョンを持て」

などと言われますが、将来のビジョンを明確に持っている人はほとんどいません。

「ビジョン」とは「心躍る未来像」のことですが、「そんなこと考えたこともない」という人がほとんどです。

「夢」も同じです。「あなたの夢はなんですか?」と聞いても、「そんなものありません」と言われるのがオチです。

または「人に言うようなものではない」とか「夢なんて語ったら馬鹿にされるから、言わない」という方がほとんどではないでしょうか。

いつの間にか、「夢なんてものは子どもが語るものであって、大の大人が語るようなものではない」と思われていませんか。

実現の可能性の低いことを語ろうものなら「夢みたいなことを言っているんじゃ

ない」とたしなめられてしまいます。それほど、「夢」の地位は低いのです。

しかし、「夢」をそんなに低い地位に追いやってしまったら、創造も発展もありません。すべての発明、発見、イノベーションは、誰かの描いた夢から生まれているのです。

夢は世界を動かす原動力です。混迷の21世紀に生きる私たちには、夢見る力を取り戻す必要があります。

私が全プラス労働組合の委員長に就任した頃、大先輩である初代委員長の武中正次郎さんから『ビジョン・決断・コミュニケーション』というお言葉をいただきました。

それは「まず『ビジョン』がなければ始まらない。そして行動を『決断』し、それを実行するために仲間と『コミュニケーション』をとる。そうすればどんなことでも必ずうまくいく」と教わりました。

ビジョンとはまさに「夢見る」ことです。夢がなければ始まらないのです。

夢見る力が衰えると、人生の方向性が定まりません。何が重要で、何が重要でないかが曖昧になります。すると人生にとって無駄なことばかりをしてしまうかもしれません。たとえば、夢見る創造的な能力が、破壊と殺戮のために使われるなどしたら、こんなに悲しいことはありません。

夢を持つことができれば、夢と関係ないことを手放すことができます。人生に一本の筋が通ります。

画家の山﨑浩美さんは、かつて次のようにおっしゃっていました。

「アートセラピーをやり、ヒーリングを学び、古神道を学んでいるのは、他人からは、ばらばらなことに手を出しているように見えるかも知れません。でも、私にとっては、すべてが絵に結びついています。絵はとてもスピリチュアルな芸術です。その絵のもつエネルギーを感じたり、そのエネルギーがもたらすメッセージを感じたい。そのためにエネルギーの勉強もするし、そのメッセージを受け取る訓練もしてきたのです」

彼女にとっては、すべてが絵で表現し、絵を理解するための勉強だったのです。彼女の夢は、スピリチュアルな表現としての絵画を完成させること。その夢があるからこそ、生活のすべてが意味を持ち、統合されているのです。そのプロセスで、その夢に関係のないことはドンドン手放し、必要な事をドンドン取り入れていったのです。

その後、彼女は海外の美術展に作品を出展していきました。そしてロンドンで開催された「Discover The One Japanese Art 2017」にて、「人気アーティスト賞」を受賞。さらに、その画業が認められて同じ２０１７年にインド国立ガンジー記念館より芸術文化部門における国際平和褒章も授与されるまでにいたったそうです。まさに夢を描いて、夢と関係のないものを手放した結果、華々しい成果を挙げられたのです。

夢を持つことで、手放せるものを見つけられます。夢と関係ないものを手放せば、夢の実現に必要で重要なものを取り入れることができるのです。

第6章

シンプルに考える技術

「手放した後」に何をすれば良い？

これまでの章で、「抱えすぎてしまうこと」「私たちを制限するもの」を手放してきました。

では、「手放した後」は何をすれば良いのでしょうか？

それは、たった一つのことを選ぶということ。

すべてを手放しシンプルにしたからこそ、選べるのです。

そして、この「たった一つ」がミソ。

講談師の真打《しんうち》である田辺凌鶴先生にお話を聴いたことがあります。

凌鶴先生はもともと学生時代から演劇に打ち込み、劇団に入って役者をやっていました。ところがあるとき、劇団が解散してしまいました。ほかの劇団に入り直す道もあったのでしょうが、劇団の解散を機に、一人でお客様の前に立つことはできないだろうかと模索し始めます。そこで、一人芝居を試みたり、ジャグリングをやり始めたりしました。

しかし、一人芝居の台本を面白く書くことは難しく、書いてもらえる作家も身近にいませんでした。また、ジャグリングは手先の器用さや、長い年月をかけた練習が必要だと知ります。すぐにジャグリングの達人にはなれないのです。

そんなときに出会ったのが講談でした。

故・田辺一鶴師匠の高座は「自由自在で面白い！　ああ、そんなことまで表現できるのか、自分の表現方法はこれだ！」と直感し、入門したそうです。以来十数年にわたり講談一筋。それまでの一人芝居やジャグリングを手放し、「講談」という一つのことを選択したのです。

2012年、凌鶴先生が真打となり、講談協会に24年ぶりの男性真打が誕生したと話題になりました。現在では、毎月新作講談を発表して大活躍をされています。

このように手放したあとは、「たった一つを選ぶ」ことが大切なのです。

「絞り込むための7分野」で1％に集中する

実は、たくさんの仕事を抱えていた方のほうが、手放した後に大きな力を発揮することができます。

考えても見てください。今まで、100％の力かそれ以上の力で、たくさんの仕事を抱えてきていたのです。キャパシティをオーバーするような仕事に全力で取り組んできたのです。そのすべての力を一つの仕事に注ぎ込んだらどうなるでしょうか。

これまで仕事を抱えてきたことは、力の総量を拡大するのに役立ってきたことに気づくでしょう。本来持っていた力を極限にまで増幅していたかも知れません。その100％の力を一つのことに注ぎ込むのです。一点集中させるのです。細い針が紙を貫通するのは、一点に力が集中するからです。

では、具体的にはどういうするのか？　それは次の「絞り込むための七分野」をつかって考えてみましょう。集中すべき一つを見つけることができます。

「いつ？」 → とき → 一つの時
「どこで？」 → ところ → 一つの場所
「だれが？」 → ひと → 一人の人
「なにを？」 → もの → 一つの物
「なぜ？」 → わけ → 一つの目的
「どう？」 → やりかた → 一つの方法
「どのかお？」 → ありかた → 一つの役割

一つ一つ見ていきましょう。

◎「いつ？」一つの時に集中する

一区切りの時間に集中します。この時間だけは、一つの事に集中するというので

も構いません。私がプラスの新入社員時代に当時の常務取締役だった紙谷正之さんが、

「もしも、仕事に行き詰まったら、1カ月だけ、すべてをなげうって仕事に集中してみろ。遊びもテレビも娯楽も何もかも手放して、休日も仕事のことを考えて過ごしてみるといい。ずっとでなくて良いから、1カ月だけ集中してみることだ。そうすれば道は開ける」と教えてくれたのを思い出します。

四六時中仕事に集中しようと思っても、集中力は続きません。時間を区切ってメリハリをつければ、高い集中力を保持することができます。

1カ月でなくても、一週間だけとか一日だけとか、1時間だけとか。あるいは、10分だけ、1分だけと時間を区切ってみるのも一つの手です。

◎「どこで?」一つの場所に集中する

一つの場所、地域、国に集中することです。対象となる地域や場所。あるいは一店舗、一支店、一部門、一チーム、一グループ、一組織など、対象を絞り込むこと

で、瞬発力や集中力、衝撃力を劇的に高めることができます。

海外の営業地域として東南アジアを担当している人であれば、重点対象国を一国に決めるというのも一カ所に集中することになります。

「世界に愛の歌を届ける」という未来像を描いたシンガーソングライターのすわじゅんこさんが、ミャンマーに焦点を定めて活動した結果、ミャンマーでCDデビューを果たし、ミャンマー在住の日本人歌手として成功しているのも一カ所に集中した例です。

◎「だれが？」一人の人に集中する

誰がキーマンなのか、ということです。お客様や対象となる方を一人決めて、そこに集中することです。得意先企業の意思決定権を持つ人に集中するとか、目の前のお客様に集中するとか、つまり、最も大事な人に集中するということです。

◎「なにを?」一つの事に集中する

たくさんの仕事を手放したのですから、一つの仕事に集中します。目の前の仕事や小さく分解した一作業に集中しましょう。

仕事は小さくすれば小さくするほど、取り組み始めるのが楽になります。

営業担当者であれば、一商品に集中したり、一キャンペーンに集中したりというのも一事に集中するということです。

いくつかの仕事があるのであれば、今、何に集中すべきかを再確認して、一つに集中します。

◎「なぜ?」一つの目的に集中する

仕事に取り組むときに、お客様や関連部門からの要求が錯綜《さくそう》し、誰の意見を聞いたら良いのかわからなることがあります。

そんなときにはすべてを手放し、一番大事な目的に意識を向けましょう。何のために行うことなのか、上位目的は何か。それがわかれば混乱した状況を打開できます。

ビジネスの目的の多くは、お客様への貢献です。意見がぶつかり合っても、何をすることがお客様のためになるかを考えれば、まず間違わずに済みます。本質的な一つの目的に集中することで問題解決を加速させることができるのです。個人においては、自分の生きる指針や心躍る未来像、譲れない価値観を唯一のよりどころとして行動することで、複雑な問題状況を打開することができます。

◎「どう?」一つの方法に集中する

世の中には様々な手法が溢れています。普遍的な正解はありません。もしも正解があるとしたら、状況に応じた正解、TPOに合わせた正解があるだけです。無数の方法を手放して、時宜に応じた最適な方法を見つけたら、それに集中し、取り組みましょう。

やってみて上手くいかなければ、反省し、次の方法に集中しましょう。どっちつかずで、徹底しないと何が悪く、何が良いのかがわかりません。やるときはやる、やらないときはやらない。方法の選択に迷っているくらいならば、一つのやり方を決めて、すぐに取り組んだほうが、答えが出るのは早いものです。

◎「どのかお？」一つの役割に集中する

会社では会社員の顔、地元では地域住民の顔、サークルでは部員の顔、家庭では父や母、息子や娘という顔。人には様々な役割に応じて、様々な顔を持っています。顔とは、私たちの「あり方」のことです。

複数の顔があるのは当然ですが、すべてを手放した後で、今どの顔を使うべきかを選び、そこに集中します。

Ｗｅｂ上のカレンダーで仕事を管理している人が、家族に向かって、休日の予定をＷｅｂカレンダーに書き込むよう指示するというのは、一見、合理的ですが、もしかしたら会社の顔を家庭に持ち込むという間違いを犯しているかもしれません。

家庭においては家庭における顔が必要でしょう。

どんな役割を選ぶべきか、心を澄まして見つけてください。そしてその役割に集中してください。

実行力を劇的に上げる方法

「手放して、全身全霊の力を一点に集中させることが大事です」と書きました。

対象を一つにすることはできたものの、どうも全身全霊を傾けられないという場合もあります。せっかく「手放し」て、100%の力を使うことができるはずなのに、気持ちの上で分散してしまうのはもったいないことです。

つまり、100%の力を発揮するためにできることは何かということです。

私たちの生命力は思考・感情・言葉・行動の4つによって発揮されます。この4つの要素は、気分に影響を与え、実行力を左右します。

この4要素が一貫しているとき、実行力が最大になります。実行力を100%にするためには、この4要素を一貫させましょう。

多くの人は、この4要素が一貫していません。

たとえば、英語力を高めたいと思っているわりには、いつまでも勉強もできず実力も向上していない人の4要素は、次のような状態だったりします。

思考・・・英語力を高めたいと「考えている」
感情・・・英語は苦手でやりたくないと「感じている」
言葉・・・英語をもっと勉強したいんだと「言っている」
行動・・・テキストは購入したが開いていないという「行動をしている」

4要素がばらばらです。これを一貫させて次のようにしてみましょう。

思考・・・英語力を高めたいと「考えている」
感情・・・英語を勉強したくてたまらないと「感じている」
言葉・・・英語の勉強をしていると「言っている」
行動・・・購入したテキストで毎日勉強するという「行動をしている」

この4要素が一貫すると、実行力が格段に向上します。もしも一貫していない要素があれば、一貫するように調整していきます。

感情において、「英語は苦手だ」と感じているならば、この感覚を払拭するためにできることをやってみます。中学の英語を復習してみて、できる自分を実感してみる。幼児向けの英語教材を聴いてみて、理解できる自分を実感し、「苦手だ」という思い込みを解消してみることもできます。

思考も感情も言葉も「英語を勉強する」ということで一貫しているのに、行動がともなわないのであれば、少しでも実行できるように簡単な行動目標を立てましょう。毎日テキストを開くとか、毎日ワン・センテンスだけでも音読してみるとか、とにかく行動しているという状況をつくることで一貫性を確保することができます。

一貫性を欠いたまま前進しようとしても、混乱が実行力を萎えさせていきます。

一貫している状態をつくっていけば、実行力が強くなっていきます。

まずは、この4要素をチェックし、4要素を一貫させてみましょう。

これによって実行力を100%にしていくことができます。

気分と視座を変えれば、手放して集中できる

これまで行動を制限する様々な信念、恐怖、不安、習慣などを手放すことについて述べてきました。頭では理解できるものの、どうしても手放せないという方もいることでしょう。

そのような方でも実は、気分と視座を変えるだけで、意外なほど簡単に「手放す」ことができます。

「仕事を抱えすぎている状態」を続けていくと、慌ただしく、いつも焦っていて、呼吸が浅く、注意が分散していて、あれもこれも気になります。一つの仕事を終えても、終わったことを味わう暇もなく次の仕事に手をつけて、心が落ち着かない、そんな状態になります。

この状態が続くと、気分が晴れずに、何も行動したくないという気分が醸成されていきます。それが固定化されると、今度は、気分が「仕事を抱えすぎる状態」を

招くようになります。悪循環の始まりです。

悪循環を断ち切るためには、気分を切り替えることが大事です。拙著『結局、「すぐやる人」がすべてを手に入れる』では、気分を切り替える5原則を紹介しました。

1. 気分は変えられる、と知る
2. 感情表現の3要素（表情・動作・言葉）を変えれば気分は変えられる
3. 思い出すだけで気分は変えられる
4. 思い描くだけで気分は変えられる
5. 環境を変えるだけで気分は変えられる

気分は能動的に切り替えられるし、自ら選択できるものなのです。気分を変えることで「仕事を抱えすぎている状態」を抜け出してください。

手放すことができたら、後は意識の集中状態をつくれば良いのです。これも「気分を切り替えるための5原則」を応用すれば簡単です。

◎「集中した状態」を思い出す

これから取り組む課題に集中するにあたり、まず「思い出すだけで気分を変えられる」という原則を使ってみましょう。

これまでの人生で、何かに没頭し、集中できたときのことを思い出してみてください。集中したことが一度もないという人はいないはずです。

子供の頃、学生時代、社会人になってからなど、いつの時代のことでも構いません。一心不乱に取り組んだときのことです。それがほんの数分のことであっても、数時間におよぶ集中状態であっても構いません。

一つでもそういった体験を思い出せたら、そのときの風景をより具体的に思い出してください。あなたはどこにいて、誰と一緒だったのか、そのときにどんな音が聞こえていたのか。また、頭の中でどんな言葉が流れていたのか。詳しく思い出してみてください。

その上で、そのとき、体はどんな感覚を持っていたのか呼び起こして味わってみてください。味わいきったら、その感覚を一言のフレーズで表現してみましょう。

「がむしゃらに没頭した体験」

「時間が止まったような静寂の中、集中できた体験」

「全速力で駆け抜けた体験」

など、ご自身がその体験を思い出すのにふさわしい表現を選んでください。

その体験を表すフレーズが決まったら、そのフレーズを唱えながらその体験を思い出してみてください。簡単に、集中モードに入ることができます。

◎理想的な集中状態を思い描く

また、「思い描くだけでも気分は変えられる」という原則を使った、別の方法もあります。

これから取り組む課題が完了した後の光景を思い浮かべてください。どんな状態で完了できたら最高な気分を味わえるでしょうか。心から嬉しくて喜ばしい状態を想像してみてください。

そのときに周囲の見えるもの、聞こえるものを十分に感じ取り、更に体に呼び起こされる感覚を味わいきったら、その体験を表すフレーズを考えてください。

そのフレーズと課題完了後の感覚がすぐに思い描けるようになったら、そのために必要な集中状態はどんなものかイメージしましょう。たとえば、

・勢いよく取り組んでいる状態
・静かに集中している状態
・軽々と力みがなく、澄み切った水が流れるような状態

などです。自分にとって必要な集中状態がイメージできたら、さらに、その集中状態になっている自分を想像してください。

そして、その課題に取り組んでいるところを想像し、まさにそのように集中している自分の状態を今まさに体験しているかのように味わってみてください。

十分に味わいきったところで、その状態を表すフレーズを決めます。フレーズが決まったら、そのフレーズを口ずさみながら、その望ましい集中状態を全身で感じ取り、課題に取り組み始めてみてください。

このようにすると、いまだかつて体験したことのない集中状態も、すぐに出現さ

せることができます。

◎他人の集中を真似する

もしも、身の回りに理想となるような集中状態を体現している人がいれば、「気分は伝えられる」という原則を応用して、その集中状態を取り入れることができます。

まず、これから取り組む課題に必要な集中状態をイメージしてみてください。

そして、そのイメージから連想される、すごい集中を発揮する人をイメージするのです。よくその状態で仕事をしたり、何かに取り組んだりしている人がいるのではないでしょうか。

先輩や上司や後輩の中にいるかもしれませんし、プロスポーツ選手や歴史上の人物かもしれません。実在か架空かは関係なく、あなたにとって、まさにその集中状態を体現している人を見つけるのです。

そういった人物を見つけられたら、その人物の特徴をよく思い出してみます。

顔つきや姿勢、動作、言葉遣い、身のこなし……など、細部まで思い浮かべて、自分がその人になりきってください。想像力を十分に働かせて、モノマネをする要領で憑依させてください。

その人になりきってみると、その意識状態が生まれていることにも気づくでしょう。ご自身が積極的に他人の意識状態を取り込む方法です。

◎感情表現の3要素を使う

これまでに述べた、集中状態をいつでもどこでも簡単に出現させるためには、集中状態を呼び起こす「感情表現の3要素」、つまり「表情と動作と言葉」をセットにして覚えておくと便利です。

集中していたときの表情と、そのときの姿勢や動作、そしてその気分を表す言葉を、見つけておくのです。たとえば、目をしっかりと見開き真剣な表情をして、姿勢を正して、「やってやる」と心の中でつぶやきます。

これが「感情表現の3要素セット」です。表情と動作と言葉のセットを再現することで、一瞬にしてその集中状態をつくることができます。

特に、顔の表情筋は感情と直結しているので、顔の表情を一つ変えただけで、一気に集中モードに入ることができます。

急にやる気になった人のことを「顔つきが変わった」というのは、まさに意識の状態が変わったことによって、表情が変わったことを指しています。逆に顔つきを変えることで意識を変えるわけです。


また、前著では「視座の転換」によって状況を打開できるということも述べています。自分の視座に固執してしまうと、視野が限定されてしまい、自分に有利な情報をつかめなくなったり、他人と協働関係が築けなくなってしまったりします。

それを回避するために、他人の視座に立って物事を見るのです。

お客様の立場、他部門の立場、上司の立場など、それぞれ視座が異なっています。異なる視座から見える風景や意味合いを味わっていくうちに、硬直した現状がゆるんでいき、新しい世界が見えてきます。すると、不思議と解決策が見つかるようになるのです。

「抱えすぎている状態」も、自分以外の人の視座から眺めてみると、意外と簡単なほど脱出の道が見えてきます。

◎どうしても手放せない人のための、体を使った方法

本章では、さらに気分と視座を変えるために有効ないくつかの方法を紹介します。「手放す」ためには、気分を切り替えて、気掛かりのない、ニュートラルな状態をつくらなければなりません。何かにとらわれているというのは、意識の状態です。しかし、意識を直接操作することはできないので、体を動かして、間接的に意識の状態や気分を切り替えていきます。

たとえばウォーキングやジョギングなどの単純な動作で、軽く汗をかくくらいの運動があります。これらを数分間継続してみると、簡単に気分は切り替わります。

その上で、その動作を止めて、リラックスできる姿勢で深呼吸をしてみましょう。とくに何も思い浮かばない数秒間、数十秒間という時間が訪れます。この時間がまさに「手放している状態」です。

多くの武道では、稽古に入る前と稽古を終えるときに「黙想」をする習慣があります。「黙想」は気分を切り替え、あらゆるものを手放す稽古になっています。

武道でなくても、エアロビやジムの筋トレ、あるいはストレッチなどでも、一連の動作やワークが終了したときに、ひととき目を閉じて黙想すると、心を整えることができます。運動の後に目を閉じて呼吸を整えながら、ニュートラルな意識状態になれます。

黙想だけを行うよりも、体を動かしたほうが、悩みや堂々巡りを手放せます。運動中には日頃の仕事を忘れられて、その後で黙想をすれば、より気分がニュートラルになり、手放した意識状態が生まれます。

◎どうしても手放せない人のための、声を使った方法

運動が苦手で「体を動かしてから黙想」というのが楽しくない方は「声を使った方法」を試してみてください。

深呼吸をしながら、息を吐くときに声帯を震わせて声を出します。アーとか、

ウーとかオーとか主に母音を長く伸ばして声に出してください。呼吸に合わせて声を出すことを数分間楽しんでみてください。

発声することに集中・没頭し、楽しむことが大切です。その後に発声をやめて、深呼吸しながら黙想してみましょう。何も思い浮かべないで、呼吸に意識を合わせます。何かを思い出したとしても、思い出すままに任せ、一つひとつの記憶にこだわらず、呼吸を意識します。

また、母音を発音するだけでなく、短めの章句や一まとまりの文章を何度も繰り返し発声しても構いません。

ある瞑想指導者は、その日の新聞をぱっと開いて、無作為に指さしたところの言葉を繰り返し唱える瞑想を実践しているそうです。その指導者は、意味のある言葉を唱えるのも、意味がわからないお経をひたすら読むのも、瞑想の効果としては変わらないという立場をとっていました。

声を出し、呼吸に意識を向けて、あらゆる雑念を手放してください。

笑って気分を変えてみる

「笑い」は、「手放す」ための最高の手段です。

笑っている瞬間にほかのことは考えられません。腹をよじらせながら息も絶え絶えに笑っているときなど、何も考えていないはずです。ただ面白いから笑う。そのときに何もかも「手放す」という状態が生まれているのです。

手放したいと思ったら、笑うようにしましょう。

笑うためには、笑えるものを見たり聞いたりすれば良いだけです。

笑いのネタはどこにでも転がっています。テレビにはお笑い番組が溢れています。日々の生活の中で、ちょっとおかしなこと、クスッと笑ってしまうことなどは注意をしていると見つかるものです。

人と話すときには、「最近、笑えた話があったら聞かせてください」と頼みましょう。笑える話があったら、自分でも人に紹介しましょう。みんなで笑えば場が和み、みんなであらゆる悩みや思い煩いを「手放す」ことができます。

ある調査（雑誌『PRESIDENT』2011年10月3日号）によれば、仕事ができる人は笑わせ上手でもあるという結果が出ています。年収1000万円を超える人の9割近くが、プレゼンやスピーチでは笑うポイントを入れる工夫をしていたり、冗談を言って場を和ませるのが上手だそうです。飲み会の席で相手の冗談に気づいてすぐさま反応するのも得意だそうです。

確かに優秀な営業マンは、常にいくつかの笑えるネタを用意しています。

会社員時代にお世話になった大先輩の髙田慎一さんは「最近、おっかしいことがあってさあ」といつも笑い話を聞かせてくれたものです。笑いとともに常に悩みや気がかりを吹き飛ばしていたのでしょう。常に優秀な業績を上げていらっしゃいました。

笑いを絶やさないためには、「もっと楽しもう」とか「もっと笑おう」とかと考えると良いのです。

遊び心を持って笑える種を探しましょう。

常に笑おうとか、楽しもうとかと考えていると、仕事の場でも生活の場でも笑いの種を見つけて、笑う頻度が増えていきます。笑う回数が多いということは悩みや思い煩いを「手放す」回数も多いということです。

緊急事態が発生して、一気に気分を変えなければならないときには、笑うネタがなくても大きな声を出して笑ってしまうことです。

一気に大笑いするのです。笑いは、呼吸と発声の一形態です。腹筋を震わせて、全身で大笑いしてみてください。

面白いことがなくても笑う真似をすることはできます。笑うと、その笑い声が耳から脳に伝わり、何だか楽しい気分になっていきます。

その上で、笑いを止めてから黙想してみましょう。笑いの力で発散し、気掛かりがどこかへ吹っ飛んでいることに気づくでしょう。

行動力を高める3D映像ワーク

私たちは日々の暮らしの中で、様々な感情を味わっています。その感情を否定したり分析したりするのではなく、そのまま受け止めることから始めます。

たとえば、誰かのことを憎らしく思ったり、悔しく思ったりしたときに、

「ああ、いけない。あの人も実はいい人なんだから」

などと思い直すのではなく、憎らしい気持ちや悔しい気持ちに気づいたら、

「ああ『憎らしい』と思っているんだね」

「へえ『悔しい』と思っているんだね」

と心の中で自分に向かって語りかけるのです。もちろん、環境が許せば、声に出して言っても構いません。「そうだね、そう感じているんだね」と言いながら、すべてを受け止めてください。

しばらくそれを続けてから、自分の声がけを振り返ってみてください。そのとき

に何を感じ、どんなことに気づくでしょうか。

ここで、自分の感覚を認めてから行う、行動力100%に高めるワークをご紹介します。情景を3D映像のようにありありと思い描くエクササイズです。

1. 付箋に書き出す

大小いろいろな色や形や大きさの付箋を用意します。そして、思いついたことを片っ端から書いては、大きな紙に貼りつけていってください。いいことでも、悪いことでも構いません。とにかく細大漏らさず書き出していきましょう。

2. 一つだけ選ぶ

たくさん書き出した付箋の中から、一つ気になるものを選び出してみてください。

3. 選んだことが「本当はどうなったらいいか」を思い描く

選んだ付箋を手に取って、別の用紙に貼り付けてみましょう。その言葉を見ながら、その言葉から連想するものを思い浮かべてみます。

4．そのためにできることを書き出す

良いことであっても、悪いことであっても、それが本当はもっとどんなふうになったら良いのかをまるで3D映像の中にいるかのように思い描いてみてください。最高に嬉しくて、最高にワクワクしてたまらない情景を想像します。そして、その場面の中で、自分はどこにいて誰と一緒に何をしているのかを確認してください。目の前にあるものや周りを取り巻く風景について観察してみましょう。

さらにそのときに聞こえるものを想像します。人の声や、風の音、空気感、心の中に響く自分の声、BGMや歌声など、心がウキウキ、ワクワクしたり、これこそ最高だと思える情景の中で聞こえる音を味わってください。

見えるものと聞こえるものを味わいつつ、今度は体でどんな感覚を味わっているのかを確認してください。ドキドキするとか、胸の奥が震えるようだとか、暖かいとか静まっているとか。体の感覚を味わってください。

十分に想像し、全身で味わい切ったら、想像をやめて、深呼吸して、しばらく呼吸に意識を向けてください。

「本当はどうなったらいいのか？」

それを3D映像のように思い描いたものが「心躍る未来像」です。現在の生活とその「心躍る未来像」との間には、道のりがあるはずです。

近い場合もあれば、遠い場合もあります。その道のりを一歩一歩進み、あるいは駆け抜けて近づくために、まずどんな第一歩を踏み出せば良いのかを考えてみます。最初にできる小さな一歩は何か。今すぐできる小さなことを書き出してみましょう。

その中でも、一番自分がやりたくて、確実にやれることを選んでください。それこそ100の力を1に注ぎ込むことです。

行動力を 100%にする 3D 映像ワーク

①思いついたことを書き出す

大きな付箋、小さな付箋などにたくさん思いついたことを書き出す

②一つだけ選ぶ

数ある付箋の中で一番気になったものを一つだけ選ぶ

③理想的な状況をリアルに思い浮かべる

選んだことが良くないことであっても、本当はどうなっていたらいいかを３Ｄ映像のようにリアルにイメージする

④やるべき行動を書き出す

ワクワクする３Ｄ映像を現実にするための、やるべき行動を書き出す。なるべく小さな一歩で

1つを選んで即行動する方法

1%に集中する方法はほかにもあります。

「1%の集中」は行動とセットです。行動しなければ、集中は乱れ、雑念があなたの行動にストップをかけてきます。行動できない人は、行動しないからこそ、行動できなくなるのです。

あらゆることを手放した後にやるべきことは、「今、この瞬間にやるべきこと」を選び、即行動につなげることです。

そのための簡単な手順を紹介しましょう。

大前提として、すべてを手放し、自分の頭の中が空っぽの状態になっている必要があります。優先順位も、人間関係も、お金や仕事の不安も一度手放して、空っぽの状態をつくってください。

そして、やるべきことを10分で整理します。今やるべきこと、今すぐできることで、最も自分の人生で重要なことにつながることを見つけましょう。

そのための時間は10分もあれば十分です。白い紙などに、勢いよく書き出してみてください。いくつか出てきたら、直感的にどれが一番大事かを見極めてください。10分が短すぎると感じる方もいるかもしれませんが、制限時間を設けなければ、延々と考えこんでしまい、動けなくなる可能性があります。

大事なのは、「今、この瞬間」の1%をつかむことです。

10分で整理できたら、さらに少なくとも10分間、その課題に集中して取り組みましょう。たとえば、

・将来起業するためにブログを開設する
・肉体改造をするために10分間ウォーキングしてみる
・買っただけで読んでいない本を読んでみる
・将来漫画家になるために、デッサンの練習を始めてみる

など、なんでも構いません。

この手順で実践する意味は、1%に集中する癖をつくることにあります。常に、やるべきことや最優先事項を見つけるようにするのです。

これを1日1回は行うようにしてみてください。1%に集中する習慣ができると、考えるスピード、行動に移すスピードが高まり、集中する技術、夢に向かう思考なども、自然と身についてくるはずです。

◎1%集中のために音楽を使う

スポーツ選手の中には、試合の前に自分の気分を盛り上げる音楽を聴くという方も多くいらっしゃいます。

音楽は、気分を調整するのに最適です。1%のことに集中するに相応しい音楽を選んで聴いてみてください。曲想によっても使用する場面が異なるでしょう。

・活力に溢れた曲
・静かに精神が整う曲
・楽しい気分の曲

どんな曲を聴くと、自分の集中力が高まるか、いろいろ試してみると良いでしょう。味わいたい気分に相応しい曲を何曲か用意しておいて、いつでも聴けるようにしておけば、思いのままに集中モードをつくることができます。

ポピュラーミュージックやクラシックなどだけでなく、環境音楽やヒーリングミュージック、特殊なところでは意識を整える効果音の入ったヘミシンクのメタミュージックなども試してみる価値があります。

あるいは、受験生のときに聴いた曲とか、徹夜で没頭して作業していたときにかかっていた曲など、過去の集中体験の記憶に結びついた音楽を選ぶのも一つの手です。

終章

シンプルに生きられる人だけが、世界を変えていく

人生の奇跡を発見するワーク

ここまでに、あなたはたくさんのことを手放してきました。中には手放すのが難しかったこともあるかもしれません。大丈夫です。何度も本書を読み直して、自らの心に問いかけてください。

「本当に手放せないのだろうか」「どうしたら手放せるだろうか」「手放してどんなことをしたいのだろうか」などと自問自答してみてください。

手放してしまうと、何も残らなくなってしまうと感じる方がいるかもしれません。すべて「手放し」てしまったら、自分が自分でなくなってしまうような感覚を持つ人もいらっしゃるでしょう。

しかし、そんなことはありません。誰もが、これまでの人生でたくさんの恩恵を受けてきているのです。あなたにはすでにたくさんの宝物があるのです。

そんな自分の人生を振り返るワークを紹介します。

「人生の奇跡を発見するワーク」です。生まれてから今日までの体験の中から、次に挙げるものを思い出してみてください。

・うまくいった体験
・乗り越えた体験
・感動した体験
・成し遂げた体験
・助けられた体験
・ギリギリ間に合った体験
・チャレンジした体験
・成長できた体験
・どん底から這い上がれた体験

一つひとつの体験を書き出して、文末に「〜した。それはまさにこの世の奇跡だった」という言葉をつけてみます。たとえば、次のような文ができ上がります。

・私は日本語を話せるようになった。それはまさにこの世の奇跡だった
・私は小学校に入学した。それはまさにこの世の奇跡だった
・私は生まれた。それはまさにこの世の奇跡だった
・私はバス旅行に無事に行けた。それはまさにこの世の奇跡だった
・私は今の会社に入社できた。それはまさにこの世の奇跡だった

このように書いてみて、その体験がまさに奇跡だったとしたら、どういう奇跡だったのでしょうか。それをよく考え、味わってみてください。

＊

このワークをやると、不思議と「すべては奇跡ではないか」と思えてきます。

たとえば、私は20代の頃、毎日長野県の松本市や岡谷市、諏訪地方の文具店を営業車で訪問していました。そんな日々の仕事の中で、前日に夜更かしをして高速道路の運転中に眠くなってしまうこともありました。何度もひやりとする体験をしたものの、交通事故を起こすことは一度もありませんでした。

これを一文にまとめるならば、

「毎日高速道路で眠くなることがあったにもかかわらず、事故を起こさなかった。それはまさにこの世の奇跡だった」

となります。今思うと、決してほめられることではありませんが、私は本当に奇跡だと思います。奇跡的に守られたに違いないとさえ思います。個人的なことだからこそ、自分で探してみることが大事です。

奇跡を探せば、きっと見つかります。私たちは奇跡の存在なのだ、と声を上げたくなると思います。誰もが奇跡的な存在であるということを思い出させてくれるワークですので、ぜひやってみてください。

3つの質問を受け止めよう

もしも宇宙や世界に人格があって、私たちに語りかけているとしたら、どんなことを話しかけているのだろう、と考えたことがあります。

宇宙は寡黙で、べらべらと話しかけてくれません。しかし、本当に大事なことについて、言葉にしないでも私たちに問いかけているのではないかと思いました。

その問いかけは、3つの質問に収斂されるのだと考えました。

3つの質問とは次の3つです。

①本当は何をしたい？
②本当は誰といたい？
③今、何をする？

①本当は何をしたい？

これは、夢実現コーチングでも多用する究極の質問です。人生にはいろいろあって、しがらみや義務や責任などが私たちを拘束します。それでも宇宙は、私たちに「本当は何をしたい？」としか聞いていません。私たちは、シンプルにそれに答えればいいものを、「いや、今会社で、これこれこういうことがあるから、やりたいことなんて考えられないし、大体上司があんな考えで」とぶつぶつ答えてしまいます。

根気強く宇宙は私たちに問いかけます。

「本当は何をしたい？」

②本当は誰といたい？

誰といたいか。誰を愛したいか。どんな人と働きたいか。どんな人とどんな関係を結びたいのか。そういった諸々の意味が込められた質問です。

宇宙は、単刀直入にシンプルに聞いてくるだけです。

私たちは、心をクリアにして自らに問いかけてみれば、本当は誰といたいのかわかるはずです。その人と一緒にいられる方法を探しましょう。
誰、というのは固有名詞を持った個人ではないかもしれません。個人が思いつい
たとしても、その人の何に惹かれるのか、その核心となるのは何かを探究していく
と、具体的な本人でなくても、あなたが一緒にいたい人を見つけ、ともに過ごすこ
とはできるでしょう。

③今、何をする?

明日の予定、将来の構想、過去の業績、昔の思い出などいろいろあるでしょう。

しかし、宇宙は、「今、何をする?」とずばり聞いてきます。昨日何をしたか、明日何をする予定だろうがおかまいなしに、「今、何をする?」と。

私たちは、この質問に答えるために、大きな視野を持って、今すぐ何から始めるのかを考えないといけません。行き当たりばったりで「これをしたい」と答えたところで、「本当にそうか?」という目で、もう一度聞かれるでしょう。

「今、何をする?」

現在も過去も未来も見渡してみて、今すべきことをすること。それがベストを尽

くすということです。

宇宙がそう聞いているのに、まだ「辛いけど仕方ない」「面白くないけど仕方ない」「どうせこんなことしかできないから仕方ない」と言い続けていていいのでしょうか。

仮に避けられないとしても、それを面白くすることもできるはず。あなたの魂は悦びたいのではないですか？

誰もがこの3つの問いしか投げかけられていないのですが、私たちは余計なことに気をとられ、葛藤し、自己規制をかけてしまっています。

他人や環境が私たちを規制することもあるでしょう。しかし、宇宙的規模の世界はすべてを許容しています。だからこそ、世界には戦争も貧困も暴力も悪徳もはびこっているのです。

同時に、調和も平和も豊かさも愛も美徳も存在しています。すべて、私たちが何を選択するかに任されています。3つの問いを投げかけて、世界は黙って見ているだけなのです。

今この瞬間を生きられる人は100％人生を楽しめる

物心がつく頃よりずっと前の小さな幼児は、他人の期待に応えて生きてなどいません。だからこそ何ものにもとらわれず、全能感に包まれ、瞬間瞬間を生きていられるのです。

アマゾンに住むピダハンという部族の言葉には、過去形も未来形もないそうです。さらには、目の前以外のものを表す言葉がないとのことです。

それは彼らの価値観が、目の前にあるものしか意味がないというものだからだそうです。過去は今目の前にないので、語るに値しない。未来も今ここに存在しないので語るに値しない。知り合いの知り合いで会ったこともない人の話をするのはナンセンスだ。そんな価値観のもとに生きているそうです。

ピダハンの村に入ったアメリカ人の宣教師が、イエス・キリストは、人類の罪を償い、十字架に磔《はりつけ》になったのだというエピソードを涙ながらに話したら、ピダハンの人たちは、大笑いをしたそうです。

宣教師は、どうして笑ったのかわからず、はじめは憤慨したそうですが、ピダハンの人たちにとっては、遠い昔の人であり、なおかつ直接会ったことのない人の話をするのはナンセンス以外の何物でもなく、あまりにも馬鹿馬鹿しくて、宣教師の存在自体をあざ笑ったのだということでした。

ここまで瞬間瞬間に生きることは、日本に住む私たちには無理かもしれませんが、過去にも未来にもとらわれない「今、ここ」を感じられたら、心は軽くなるはずです。

仕事を抱えすぎている人は、これまでに述べてきたような「他人の期待」や「自分の成功」「あるべきプロセス」などの外的要因や「不安」「心配」「恐怖」「性質の傾向性」などの内的要因によって、何かをぎゅっと握りしめた状態なのです。

内的な要因もよくよくかえりみれば、これまで述べてきたように、たとえば他人の期待に応えようという思いなどにつながっています。

他人の期待に応えようとするからこそ、たくさんの仕事を抱えてしまうわけです。

仕事を抱えすぎてどうにもならないときには、もっと自分の内面とつながる必要があります。他人の期待ではなく、自分の期待に寄り添うことで、状況を改善していくことができます。

「本当はどうなりたい？」
「現実には制約だらけだけど、何の制約もなかったら本当は何をどうしたい？」

そんな問いを自分に投げかけて、内面の声に耳を澄ましてみましょう。
そして、今この瞬間を生きていきましょう。

子どもの頃の自分を取り戻そう

心配事から解放され、心や頭がクリアになった状態というのはどういう状態なのでしょうか。

人によっては、迷いがなく、空っぽの状態であるとか、閃《ひらめ》きが生まれやすい状態であるとか、心が波立たず静まりかえった状態、時間の流れから一歩引いたような状態、ただそこに自分が存在しているだけという感覚のある状態など様々に感じられるものかもしれません。

実はそういった状態は、私たちは子どもの頃に体験しているのではないかと考えています。

夢中になって砂遊びをしていたとき、お絵かきに没頭していたとき、我を忘れて鬼ごっこをしたり、野山を走り回ったりしていたとき、現在のような不安や心配事などは皆無ではありませんでしたか？

老子の教えやアボリジニなどのシャーマニズムとユングの心理学を融合・統合した、プロセス指向心理学の創始者アーノルド・ミンデルさんは、来日セミナーで、「老子の言う『タオ（道）』は、子どもを見ればわかる。あれがタオだ」と言っていました。

子どもは泣いていたかと思ったら急に笑ったりします。実は、気分の切り替えの達人です。「今、ここ」の瞬間瞬間に生きています。過去から現在に続くしがらみから解放されています。実は私たちはみんな、瞬間瞬間を生きる存在だったのです。

そんな子どもも、やがて大人になり仕事をし、責任を持つようになると、次第に、純粋に屈託なく存在してなどいられなくなってしまうのです。

もしも5分でも10分でも、日常の仕事を離れて、心配事を手放し無心になれたら、少しだけ余白が生まれます。難しい瞑想法を知らなくても、ひとときでも自覚的に手放した状態をつくれたら、心にスペースをつくることができます。そこから変化を生み出すことができるのです。

夢を笑う人たちと決別し、自分を信じ続けよう

「夢など見るな！」

「自ら考え行動しろ！」

「自分がどうしたいかより、勝ち組のパターンをインストールせよ！」

　巷《ちまた》に溢《あふ》れるメッセージは混乱しています。


「夢」とは、心の奥に潜む思いを具体的に表現した3D環境映像です。眠って見る夢も、将来に胸を膨らませる夢も同じです。思いを形にしたものです。

「希望」はここにないものを遠くに望み、星のように目指されるものです。それは生きる指針にもなるものです。

「欲望」は、この肉体と現実に根差し、生きようとするエネルギー。満たされなければ激しく私たちを揺さぶり、満たされると沈静化するエネルギーです。

「願望」は、理知的で、抽象度の高い望みです。時間と空間の制約を超えようとするエネルギーです。

「志」は、エネルギーの方向性を整える働きをし、個人の限界を超えてでも叶えたい力です。それは、人々の心に火を灯すように伝播し、引き継がれていきます。

夢も希望も欲望も願望も志もすべて、生命エネルギーが表現されたものです。形は異なれど、すべてが生命の炎です。生命エネルギーを否定したところに明日はありません。

エネルギーは、力強くあらゆるものを巻き込んでしまうので、たまに、こんがらがったり抱えすぎたりして大変なことになってしまうのです。エネルギーの流れを良くするために、しがみついているものを手放すことが大事なのです。

夢見るということは、希望や欲望や願望や志を「具体化」することです。望んでいることを具体的に表現するのが夢見るという行為です。

夢見たものしか実現できません。具現化できないのです。

たとえば、「住み心地の良い家を建てたい」と思ったとします。「住み心地の良い家」というのは、まだまだ抽象的な概念です。

これを建築家などが具体的にどのような形状で、どんな間取りなのかを考え、外観・外装と内観・内装を思い描く作業が、夢見る行為です。建築家の夢見た世界は、図面に落とし込まれ、建築資材などを特定していくと、実際に家を建てることができます。

概念を具体化する行為が「夢を見る」ということ。その夢を現実のものにするのが、現実世界での「行動」です。「夢」はかならず「行動」に先立つのです。

夢見ることを笑う人は、この構造を理解していないのです。

企業社会では、企画を立てたり、提案書を書いたりしています。それは、夢見る行為とまったく一緒です。ビジネスにおいては夢見たことを企画書や提案書にまとめているのです。

ビジネスでは、「企画書」をつくるときにちゃんと「夢見て」いるのに、自分の人生となるとまったく「夢」を見ないというのは大変もったいないことです。夢は大いに思い描くべきものなのです

いつも講演や研修で朗読している自作の詩をここに掲載させていただきます。

夢しか叶わない

「夢」は見るなと言われ
「希望」は踏みにじられ
「欲望」は汚いものに扱われ
「願望」は「無理だ」と言われ
「志」は笑われる

しかし

「夢」しか叶わない
「希望」があるから前に進める
「欲望」があるから生きられる
「願望」があるから発展できる
「志」があるから個を超えられる
人には無限の可能性がある

一日一生

「一日一生《いちにちいっしょう》」という言葉がありますが、味わい深い言葉です。

一日一日を積み重ねていくとそれは人の一生になります。一日一日を大事にすることは、一生涯を大事にすることであり、一日は一生の縮図であるということを教えてくれています。

一生の縮図であるからこそ、突然の変化も一日の中で起こります。

事故、災害、事件、死、失恋、裏切り、離婚、絶縁、破綻など、予想すらしていない衝撃的な事件も一日のうちに起こるのです。

仕事に限っても、突然の配置転換、突然の解雇、突然の部門廃止、倒産、吸収合併、契約の解除、取引先の倒産などなど。予想もできない事件や事故が起こったとき、ショックが大きすぎると人は何も考えられなくなります。

「手放す」ことの価値を踏まえるならば、これは一つのチャンスです。

今までの生き方をいったん手放して、みずみずしく新鮮な人生を取り戻すチャンスです。現在の生活をいったんゼロにして考えるのは誰にとっても難しいことです。それができる絶好の機会だと捉えて、ゼロを味わい切ってしまいましょう。

そして、それでもまだ生きている。今、自分はここにいる、と思えたとき、「一日一生」という言葉の重みを感じられるかもしれません。

昨日までの自分と違う自分があり、同時に今日も生きている自分がいる。一日を終えて、これまでの一生が終わり、また新しい一生が始まる。そういう意味が見えてくるのではないでしょうか。

それは、「一期一会」という言葉にも通じています。

明日をもしれぬ戦国の世に生まれた茶道。一度の茶席での出会いも、最初で最期の出会いになるかもしれない。このたびを末期の出会いと捉える厳しく真剣な、それでいて豊かな人生観が見て取れます。

やがて、あなたはこの肉体を手放す日がやってきます。この肉体があればこそ、この世であなたは他人に影響を与え、人生を楽しむことができたのです。しかし最期には、その肉体も手放さなければなりません。

それは誰もが通る道です。

一秒一秒のあなたの行動は、この世界に対するラストメッセージ（遺言）なのかもしれません。そうだとするなら、いつ果てるともしれぬこの生命、あなたの志を貫いて最も大事なことをやり続けるべきです。


あらゆるしがらみや雑念、義務や責任などを、意識の上から手放したとき、あなたの人生が輝き出します。そして宇宙からの問いかけが聞こえてくるでしょう。


「本当は何をしたい？」

「本当は誰といたい？」

「今、何をする？」


もしもこの問いかけが聞こえてきたら、自らの心の奥底に質問してみてください。

本当はどうしたくて、誰といたくて、今何をするのか。

これらの問いに真摯に答え、すぐに実行に移してください。
1％に集中した行動が、あなたの輝かしい未来をつくります。
そしてそれは、この地球に生きる私たちの輝かしい未来をつくる第一歩なのです。

むすびに

最後までお読みくださいまして、誠にありがとうございます！

さて、いかがでしたか？　少しでもお役に立てたでしょうか。

本書は、仕事を抱えすぎて、行動したくても行動できないというもどかしさを抱えていながら、それでもあきらめずに頑張っているあなたのために、少しでも役立つならばと思い、書かせていただきました。

何にしてもはじめの一歩が踏み出せないと始まりません。小さな行動で構わないのですが、何から始めるかは、混乱した状態では選べません。すべてを手放し、シンプルに考えてたった1％に過ぎない一つのことを選択し、初動を生み出すための方法を説明させていただきました。読みながら、あらゆる思い煩いを手放し、すっきりした気分で行動を一歩踏み出していただければと願っています。

このたび文庫化され、より一層多くの方の手に取っていただける形になったことは、とても嬉しいことです。単行本発行以降、お客様との対話や企業研修、講演活動などを重ね、多くの方と出会うことによって、私も少しは成長できたと思っています。出版が取り持つ縁につくづく感謝する次第です。

ページ数の関係でここにお名前を挙げられないのは残念ですが、大変多くの方のお世話になってこの本はできあがりました。重ねて感謝申し上げます。

本書が、あなたの悩みを振り払い、すっきりとした気分ではじめの一歩を踏み出す一助となるならば、これに勝る喜びはありません。

本書のご感想やご意見、学べたこと、チャレンジしたことなどをお気軽にメールでご連絡いただけたら、天にも昇るほど嬉しいです。あなたからいただくメールは、明日を生き抜くエネルギーになります。あなたの率直なご感想を心よりお待ちしています（メールは、gonmatus@gmail.comまでどうぞ）。

また、「夢が実現するメルマガ」（毎週月曜の朝配信）や「やる気湧き出す応援メール」（ほぼ毎朝配信）というメルマガも発行しています。よろしければご購読ください。

左の「著者オフィシャルサイト：http://kekkyoku.jp」からご登録いただけます。
あなたの今後のますますのご活躍とご健康とご多幸を心よりお祈り申し上げます。

令和元年　9月吉日

夢実現応援家®　藤由　達藏
メールアドレス：gonmatus@gmail.com

『結局、「シンプルに考える人」がすべてうまくいく』

特典無料動画セミナーの案内

本書の内容をより一層深く広く理解していただけるように動画セミナーを用意しました。次のＵＲＬまたはＱＲコードより、ご登録いただければ、動画をメールにてお届けいたします。

無料特典動画セミナー登録ページＵＲＬ：

http://kekkyoku.jp/onecon/

◆無料特典動画セミナー

本書では、行動を阻み、私たちの可能性を狭めるあらゆるものを手放す考え方を紹介しています。「捨てる」と「手放す」とはどう違うのか。「手放す」と「集中」の関係について動画でわかりやすく解説しています。

1 「手放すための極意とは？」

2 「行動を制限するブロックの外し方」

3 「行動力を１００％にする３Ｄ映像ワーク」

本書は、2016年に小社より刊行した『結局、「1%に集中できる人」がすべてを変えられる』を文庫収録にあたり改題し、再編集したものです。

青春文庫

結局《けっきょく》、「シンプルに考《かんが》える人《ひと》」がすべてうまくいく

質《しつ》とスピードが一気《いっき》に変《か》わる最強《さいきょう》の秘密《ひみつ》

2019年10月20日　第1刷

著　者　藤由達藏《ふぢよしたつぞう》

発行者　小澤源太郎

責任編集　株式会社プライム涌光

発行所　株式会社青春出版社

〒162-0056　東京都新宿区若松町12-1

電話 03-3203-2850（編集部）

03-3207-1916（営業部）

振替番号　00190-7-98602

印刷／大日本印刷

製本／ナショナル製本

ISBN 978-4-413-09732-1

©Tatsuzo Fujiyoshi Printed in Japan

万一、落丁、乱丁がありました節は、お取りかえします。

本書の内容の一部あるいは全部を無断で複写（コピー）することは著作権法上認められている場合を除き、禁じられています。

ほんとうのあなたに出逢う ◆ 青春文庫

1秒でつかむ
儲けのツボ
岩波貴士
発想、戦略、しくみづくりから
売り出し方まで、一瞬でビジネスの視点が
変わる「アイデア」を余すところなく紹介！
(SE-724)

ハーバード&ソルボンヌ大の
最先端研究でわかった新常識
人は毛細血管から若返る
根来秀行
いくつになっても毛細血管は
自分で増やせる！　今日からできる
「毛細血管トレーニング」を大公開
(SE-725)

なぜ一流ほど
歴史を学ぶのか
童門冬二
歴史を「いま」に生かす極意を
歴史小説の第一人者が教える。
出口治明氏との対談「歴史と私」も収録！
(SE-726)

できる大人の教養
1秒で身につく四字熟語
四字熟語研究会［編］
あやふやな知識が「使える語彙」へと
進化する！　仕事で、雑談で、スピーチで、
つい使いたくなる210ワード
(SE-727)

ほんとうのあなたに出逢う ◆ 青春文庫

言ってはいけない！やってはいけない！
大人のNG
知らないとマズい日常生活のNGから、誰も教えてくれない業界NGまで……。実はそれ、アウトです！
話題の達人倶楽部［編］
（SE-728）

ヤバいほど面白い！
理系のネタ100
「あのメロディ」が頭にこびりついて離れないのはなぜ？「まぜるな危険」を混ぜたらどうなる？　など、人に言いたくなる理系雑学
おもしろサイエンス学会［編］
（SE-729）

できる大人の人間関係
1秒でくすぐる会話
「いいね！」にはコツがいる。誰でも一瞬で気分が良くなる〝スイッチ〟の見つけ方。
話題の達人倶楽部［編］
（SE-730）

目からウロコの「実践」脳科学
あなたの脳のしつけ方
「聞きわけのいい脳」をつくるちょっとしたコツを大公開！思い通りの人生を手に入れるヒント。
中野信子
（SE-731）

ほんとうのあなたに出逢う　青春文庫

結局、「シンプルに考える人」がすべてうまくいく
質とスピードが一気に変わる最強の秘密
仕事、人間関係、こだわり、不安…あれもこれもと追われる人生からオサラバする方法
藤由達藏
(SE-732)

マンガ 企画室 真子のマーケティング入門
マーケティングの本質は、マンガを楽しみながら30分で理解できる！店を託された新人女性社員の奮闘記。
佐藤義典　汐田まくら［マンガ］
(SE-733)

最強の武器になる「敬語」便利帳［一発変換］
仕事、電話、メール、おつきあい…もう怖くない
部長に「課長はいらっしゃいません」、来客中の「ちょっといいですか？」…日常語から敬語への一発変換方式で、使える619の実例
知的生活研究所
(SE-734)

※以下続刊